Frohe Feste feiern wir

Annekatrin Detlef

Frohe Feste feiern wir

Gesammelte Beiträge und Lieder
zum Vorlesen und Vortragen.

Herausgegeben von Annekatrin Detlef, Klaustorf, 23775 Großenbrode
© Detlef-Verlag, 23775 Großenbrode
Alle Rechte vorbehalten
Vertrieb: Detlef-Verlag, Klaustorf, 23775 Großenbrode
Telefon: (04362) 1332
Graphische Gestaltung: Claudia Czellnik
6. Auflage

Satz: Fotosatz Husum GmbH
Herstellung: Husum Druck- und Verlagsgesellschaft, 25813 Husum

ISBN 3-9802267-3-5

Wer feiert nicht gerne frohe Feste?

Gelegenheiten bieten sich im täglichen Leben immer wieder, sei es Verlobung, Polterabend, Hochzeit, Jubiläum, runde Geburtstage, Richtfest usw.

Sowohl Gastgeber wie auch Gäste können gleichermaßen zum Gelingen eines Festes beitragen.

Schmackhaftes Essen, ein guter Tropfen und lange Tischreden garantieren noch nicht für die richtige Stimmung. Die Würze einer gelungenen Feier sind lustige Lieder, gekonnt dargebrachte Vorträge, tiefsinnige Bonmots oder witzige Einlagen.

Alles dieses fasziniert mich ständig; und ich notiere mir vieles; bekomme aber auch einiges mitgeteilt. So danke ich allen, die mich unterstützt haben, ganz herzlich und wünsche, daß dieses Buch vielen Menschen Freude bringt.

Annekatrin Detlef

Wiehnachten

Noch een, twee, dree Dag sachen,
Denn is Wiehnachten!
Krieg ick wull dat Peerd?
Mit den Peerdhaarsteert?
Oder de Dampmaschin'?
De ward wull to düer sin.
Oder ok dat Schipp mit Stür?
Dat's wull ok to düer.
Min Swester kriegt en Popp mit Slapogen in Kopp,
Dat snapp ick güstern grad op ...
Wat weer mi denn nu an mehrsten mit:
Dat Peerd, de Dampmaschin' oder dat Schipp −?
In Grunn enerlee.
An' lewsten all dree.

Hans Hansen Palmus

Wiehnachtsbreef

Leve, gode Wiehnachtsmann,
hest du uns vergeten?
Och, wi höögt uns so op di,
Hans un ick un Greten.

Bring uns doch, leev Wiehnachtsmann,
poor lütt feine Saken.
Seh man to, dat warrt woll gahn,
lett sick woll noch maken.

Modder meent, is lege Tiet,
un dat warrt nix geven.
Wiehnacht ahn den Wiehnachtsmann
is doch gor keen Leven.

Vadder meent, du büst al oolt,
kannst nich veel mehr dregen.
Een lütt Popp un twee lütt Peer
köönt doch nich veel wegen.

Unkel meent, du büst vertörnt,
wullt von uns nix weten. –
Kumm doch bald, wi töövt op di,
Hans un ick un Greten.

Hans Hansen Palmus

Vör Wiehnachten

In 'n deipen Wald, dor steiht 'n Hütt.
Dor twüschen hoge Dann'n,
verstecken, dat man't seuken mütt,
dor wahnt de Wiehnachtsmann.
Den ganzen Sommer slöpt hei dor.
Wi kriegt em nicht to seihn.
Sin Tied kümmt einmal blos int Johr.
Süss lewt hei dor alleen.

Wenn't Winter ward, wenn dat all snied,
denn kloppt dat an sin Dör:
„Knecht Ruprecht, kumm! – Nu is't so wied!"
En Engel steiht dorvör.
De Engel bringt 'n hellet Licht
hier in den düstern Wald
und giwt vun't Christkind em Bericht.
Dat het Geburtsdag bald.

Nu kriegt de Wiehnachtsmann dat hilt.
Hei makt sin'n Sleden trecht,
und all de Vagels und dat Wild
daut nu, wat hei ehr segt.
De flinke Voss, de rönnt und löpt
dörch Snei den Barg herup.
Dor, wo dat Twargenvolk noch slöpt,
weckt hei de Lütten up.

Na'n Bach springt fix dat lütte Reh,
halt em de Elfen ran.
Dor swewt ok noch 'n Märchenfee.
Helpt all den Wiehnachtsmann.
Katteikers bringt em Nööt und malt
ehr gold und sülwern an.
De groten, swarten Kreihn, de halt
em Danntwiege ran.

Und öwer Stadt und öwer Land
schient hell de blanke Maand.
De giwt den Wiehnachtsmann bekannt,
wo ordig Kinner wahnt.
Nicht alle Minschen sünd je gaud.
Wenn't leege geben schull,
dorför makt Ruprecht sick 'n Raud!
De kriegt de Jack denn vull.

Und ümmer wenn't nu Sünndag ward
en Engel bringt 'n Licht
und lücht in jedes Minschenhard.
Blos — jeder markt dat nicht.
'n helles Hard und hellen Sinn,
dat mag de leiwe Christ.
So' schall't bi alle Minschen sin
wenn sin Geburtsdag ist.

Wer d' fromme Licht nicht föhlen kann,
de meint dat is'n Droom.
Ok den'n legt de Wiehnachtsmann
wat ünnern Wiehnachtsboom.
Doch hei kümmt blos, wenn hei dat will
in unse Stuw herin.
Ick hör doch wat? — Swieg doch mol still!
Künn das Knecht Ruprecht sin?

Olga Witt

Weihnachtsgebäck

Kurz vor dem Fest schaute die Mutter in der Speisekammer nach ihrem Weihnachtsgebäck. Sie öffnete die Dose — leer. Nicht ein Krümelchen Keks war darin. Aber auf dem Boden lag ein Zettel, auf dem stand: „Lieber Weihnachtsmann, bitte fülle die Büchse wieder mit Vanillekipfel."

9

Hett din Modder all 'n Dannboom?

Wenn di sünst een Hamburger frogt, ob din Modder all 'n Dannboom hett — he frogt manchmol ok in Sommer — denn heet dat soveel as, „pett di man keen Nudelkasten in de Hacken", „Speel di man nich op", oder „Sunst hest wull keene Sorgen, wat?"

Je no Kalennertied is dat Flax oder richtiges Mitgeföhl. In düsse Doog mutt man annehmen, dat de Snack ehrli meent is, un ut'n Hatten kummt. Oder hett din Modder all'n Dannboom? Ik mag so'n Dannboom bannig geern lieden, ober ji könnt mi dootscheeten, ik köp keen een mehr. Ik heff noch de Näs vull vun letz Johr! Dat wör leeger as veertein Doog Grönkohl.

In fief Minuten har ik'n Boom funn, de mi gefallen dö. Ik weer noch gar-nich in de Husdör, door gung dat all los: „Och, der ischa man viel zu lütt. Der hat gar nich mal 'ne Krone. Den bring man wieder hin, Hans!" Ik, friedlich as ik bün, wedder hen no'n Dannboomstand. Fief Mark heff ik to-betohlt un harr een Boom, dor kunst Goliath so seggen.

„Mein Gott, nochmal", hebbt se mi to Hus in Empfang nom'n, „wo willst du denn mit dem Riesending hin?" Wi könt ji to mien schönen christlichen Wiehnachtsboom eenfach Riesendings seggen — wull ik mi verwoorn, ober een Blick vun Swiegermodder sä: „Los!, Umtuschen!"

„Verehrte Frau Tannengrün", sä ik an de Eck to de Froo mit de rode Näs, „ik kum nu all ton drütten mol. Helpen se mi, dat ik endli een Boom krieg, de mien Familie passt. Hier hebbt se dree Mark extra." No dree Stünn harr ik Hann as'n Sottje, un mien Mantel kunst nich anfooten ohn' Gefohr to loopen, fasttobacken. Aber nu harr'k 'nen stootschen Boom, nich to groot, nich to lütt, nich to dick un nich to dünn. Nun sall mi noch-mool eener seggen, dat ik keen Dannboom köpen kann.

Kritisch steiht de ganze Familie in de Köck un mustert den schönen Wiehnachtsboom. — Jeden Ogenblick fallt se di begeistert um'n Hals, drückt di dankbor de Hand'n, kloppt di vör Freid op de Schuller un eiht di de Backen — dach ik. Dor köm dat drüppenwies as iskolt Water: „Büschen größer hätte er ja sein können." „Hinten oben hat er aber große Löcher." „Vorne unten könnt er auch dichter sein." „Wenn man bloß die Zweige halten tun, die hängen jetzt schon so'n büschen schief." „Wenn man jetzt unten was wegnimmt und oben was dransetzt und dann die rechte Seite links zur Heizung rumdreht und die anderen Stellen mit Lametta, Watte und Engelshaar dicht macht, sieht er vielleicht gar nicht mal so schlecht aus", meen Tante Anna nodenkli.

Ik stünn jümmers noch boben op'n Kökenstohl un harr den Boom bi de Spitz tofoten un müßt em rumdreihn, door mit jeder sien Semp dortogeben kunn. De Dannboom harr aber keen Lust mehr, länger Mannequin to speeln un − ik weet nich wie dat köm − bumms leeg he op de schönen Kökenkacheln un sien grönen Nodeln jumpten dör de Gegend. „Ach nee", schree Swiegermodder, „der hat ja noch nicht mal einen Fuß! Wo wir unser'n doch letztes Jahr bei die verdrehte Umzieherei verloren haben." De ganze Familie keek erst entgeistert op mien schönen Boom un denn keeken se mi an, mit'n Blick, as wull'n se seggen − büßt noch nich wedder weg. −

Ik nöhm den Boom bi de Spitz, oder bi de Wöddel − ik weet dat hüt nich mehr so genau − bün ut de Kök rut un de Trepp dooljogt, as wörn tein Swiegermodder achter mi ran. As ik glückli op de Stroot wör, hatt min Boom keen Nodeln mehr, he sech ut as'n Schirm ohn' Krück un ohn' Övertoch. Ik heff den Rest bi'n Nober öber de Plank smeeten un bünn wedder no de Eck to mien Fründin mit de rode Näs loopen.

„Na, will de Herr noch'n Dannboom?" „Gewiß, Modder", sä ik, dat Dannboomköpen mokt mi toveel Spoos. Geben se mi densülben, denn ik toerst hatt heff. Ober moken se mi een schönen Foot doorünner!" „Dat mokt min Mann beeter", meen de lütt Froo un bölk öber de Stroot: „Hannes, kum mol röber un giff den Herrn hier mol een mit'n Foot!" Ik heff Hannes glieks dree Mark in de swatten Flossen drückt, doormit he dat mit den Foot nich wörtli neem un bin mit min ersten Boom afftrocken, den glieken, mit den se mi all mol rutsmeeten harrn. Mi wör all'ns puttegol. Un wat hebbt se seggt?

Mein Hans, ist das ein schöner Baum! „So'n schönen haben wir noch nie gehabt! Freust du dich nun auch selbst, mein Hans? War das nun nicht der Mühe wert?"

Ik seet mehr dood as lebenni in de Eck un keem erst to mi, as Swiegermodder sä: „Na, Hans, warum nicht gleich so!"

Ik harr so'n basche Antwort, de nich good to Wiehnachten paßt, op de Tung, kunn mi aber schändli holl'n.

Kann mi dat een Minsch verdenken, dat ik all op negenunnegentig bün, wenn mi een frogt, ob mien Modder all'n Dannboom hett?

Ik mach'n Dannboom bannig gern lieden un will em to Wiehnachten nich missen. Will em ok geern betohln. Ober sülm köpen?, nee, leeber vertein Dooch Grönkohl!

Wenn aber Wiehnachtenobend de Lichter brennt, de Karkenklocken lüüd un son beeten Wiehnachtsmusik dorbi is, denn vergeet ik mien Arger un sing dann sutje mit: O, Tannenbaum

Erinnerung

Als ich ein Kind noch gewesen —
das ist schon lange her,
da war Weihnachten ein Erlebnis,
ein Märchen und noch viel mehr.
Es gab nur kleine Geschenke,
denn wir waren ja nicht reich;
doch diese bescheidenen Gaben
kamen dem Paradiese gleich.
Dort gab es Äpfel und Nüsse,
mitunter auch ein paar Schuh'
und, wenn es die Kasse erlaubte,
ein kleines Püppchen dazu.
Wie war doch das Kinderherz selig
ob all dieser herrlichen Pracht,
und es war ein heimliches Raunen
um die stille Heilige Nacht.

Dann wurde ich größer und älter,
und wünschte mir das und dies.
Ich hörte auf, an das Christkind zu glauben
und verlor dabei das Paradies. —
Und dann kam der Krieg mit all seinen Leiden
mit Hunger und mit Not.
Da wurde ich wieder bescheiden
und dankbar für ein Stück Brot.
Wir alle wurden da kleiner
und nur ein Wunsch hatte Macht:
Wir wollten vereint sein mit unseren Lieben
in der stillen heiligen Nacht.
Doch der Wunsch erfüllte sich selten,
denn die Männer lagen draußen und hielten Wacht
Und wir waren einsam
und weinten in der stillen Heiligen Nacht.

Als dann der Krieg war zu Ende
wuchs eine neue Jugend heran,
und die hatte auch ihre Wünsche
an den lieben Weihnachtsmann.
Nur waren die nicht klein und bescheiden,
denn der Wohlstand kam in's Land;
die Wünsche wurden größer und größer,
und das Schenken nahm überhand.
Nun wird gewünscht und gegeben
und keiner fragt nach dem Wert,
vergessen sind Krieg und Armut
und die Stunden am einsamen Herd.
Aus dem schönsten der christlichen Feste
hat der Mensch einen Jahrmarkt gemacht;
wünscht sich vom Besten das Beste
und vergißt dabei den Sinn der Heiligen Nacht.

De lütt Popp mit Snecken

„Wiehnachten weer nich mehr wiet weg", so fangt mien
Mudder to geern an to vertelln, un ik harr all ümmer wat
vun'n Popp mit Snecken brabbelt. De schull de Wiehnachtsmann bringen. Een Woch vör Wiehnachten weer Mudder
weg, un ik je los un de Slötel söch. In'e Kommod, dor leeg he.
Slötel rut, Schappdöör opslüten. Warrafti, dor in't Schapp,
dor weer de Popp mit Snecken, un'n blauen Pulli un en rode
Büx. Gau afslüten un Slötel na de Kommod rin.

Mudder weer ok gra nah Huus kamen. Hen nah Mudder un
denn segg: „Du, Mudder, wenn ik en Popp krieg, denn aver
ok en mit'n blau Pulli un en rode Büx!"

Ehre

Es kann die Ehre dieser Welt
Dir keine Ehre geben;
Was dich in Wahrheit hebt und hält,
Muß in dir selber leben.

Wenn's deinem Innersten gebricht
An echten Stolzes Stütze,
Ob dann die Welt dir Beifall spricht,
Ist all dir wenig nütze.

Das flücht'ge Lob, des Tages Ruhm
Magst du dem Eitlen gönnen;
Das aber sei dein Heiligtum
Vor dir bestehen können! —

Hallo, hallo, wir grüßen dich

Text: Hartwig Stuckmann
Musik: Hartmut Kiesewetter
Verlag: HKMV

Refr.: Hallo, hallo, wir grüßen dich,
Wir wünschen dir viel Glück.
Es soll dir immer wohl ergeh'n,
Genieß' den Augenblick.
Hallo, hallo, bleib' schön gesund,
Lach' über'n Mißgeschick.
Wir woll'n dich immer fröhlich seh'n,
Denn du bist unser bestes Stück.

Vers 1: Ob Geburtstag, Jubiläum oder Hochzeit –
Feste soll man feiern wie sie fall'n.
Denn zum Trübsal blasen hat man noch und noch Zeit,
Darum laß' ich jetzt ein frohes Lied erschall'n.

Refr.: Hallo, hallo, wir grüßen dich,
Wir wünschen dir viel Glück.
Es soll dir immer wohl ergeh'n,
Genieß' den Augenblick.
Hallo, hallo, bleib' schön gesund,
Lach' über'n Mißgeschick.
Wir woll'n dich immer fröhlich seh'n
denn du bist unser bestes Stück.

Vers 2: Ob Familie oder Freunde und Kollegen,
Alle gratulier'n von nah und fern.
Und in diesen Reigen wollen wir uns fügen,
Darum sollst du uns'ren Gruß im Radio hör'n.

Refr.: Hallo, hallo, wir grüßen dich,
Wir wünschen dir viel Glück.
Es soll dir immer wohl ergeh'n,
Genieß den Augenblick.
Hallo, hallo, bleib'schön gesund,
Lach' über'n Mißgeschick.
Wir woll'n dich immer fröhlich seh'n,
Denn du bist unser bestes Stück.

Geburtstagslied

Melodie: „Der Mai ist gekommen"

Der Tag ist gekommen,
gekommen sind auch wir,
zu Deinem Geburtstag,
wir gratulieren Dir.

Wie die Jahre vergehen,
denn 65 wirst Du heut'.
Wir bringen Dir ein Ständchen
und hoffentlich viel Freud'!

So nehmet die Gläser
und stoßet mit ihm an
der … (Name) er soll leben,
soll leben noch recht lang.

Wie die Jahre vergehen,
denn 65 wirst Du heut',
wir bringen Dir ein Ständchen
und hoffentlich viel Freud'!

Wir wollen uns erheben
ob groß oder klein
dem … wohl zur Ehre,
denn glücklich soll er sein.

Wie die Jahre vergehen,
denn 65 wird er heut',
wir bringen ihm ein Ständchen
und hoffentlich viel Freud'!

Hundert Jahre sollst Du leben,
hundert Jahre glücklich sein,
schöne Stunden noch erleben,
mit Menschen, die sich mit Dir freu'n.

Geburtstagslied

Melodie: „Mein Vater war ein Wandersmann"

Wir feiern heut' ein großes Fest, ist das nicht wunderschön?
Da gibt es hier im Freundeskreis ein frohes Wiederseh'n.
Vallerie, Vallera; ein frohes Wiederseh'n.

Schon lange haben wir uns doch auf diesen Tag gefreut
drum haben wir den langen Weg nach hier auch nicht gescheut.
Vallerie, Vallera, nach hier auch nicht gescheut.

Denn all' die Jahre die uns doch stets immer froh vereint,
die halten heute auch noch fest, bei Sturm und Sonnenschein.
Vallerie, Vallera, bei Sturm und Sonnenschein.

Ja, wahre Freundschaft muß auch sein, auf dieser armen Erd',
sonst ist das ganze Leben hier nicht einen Pfennig wert.
Vallerie, Vallera, nicht einen Pfennig wert.

Vergangen sind nun 50 Jahr', es war 'ne schöne Zeit,
darin erlebten wir manch' Freud und manches Herzeleid.
Vallerie, Vallera, und manches Herzeleid.

Wir wünschen dem Geburtstagskind noch manches schöne Jahr,
Gesundheit, Freude und auch Glück, begleit es immerdar.
Vallerie, Vallera, begleit es immerdar.

Nebel

„London ist die nebligste Stadt der Welt." „Ausgeschlossen", widersprach
der lange Hein, „ich war mal in einer Stadt, die war mindestens zehnmal so
neblig wie London!" „So, welche Stadt war denn das?" – „Dösskopp",
brummte der lange Hein, „meinst du, ich hätte das bei dem dicken Nebel
erkennen können?"

Große Freude an kleinen Dingen

Die Fischhochzeit

Die Fische wollten Hochzeit halten in dem kalten Wasser.
Fiderallala, fiderallala, fiderallala, gluck, gluck.

Der Junggeselle Kabeljau, der nahm sich endlich eine Frau.
Ein Goldfisch, graziös gebaut, der war des Erstgenannten Braut.
Weil er in Schwarz ganz klerikal, fungiert als Pfarrherr heut' der Aal.
Der Barsch läßt's sich nicht nehmen, schenkt gelbe Chrysanthemen.
Es bringt ein Kleid aus Wolle, die gute Tante Scholle.
Es duften Wohlgerüche aus Fräulein Karpfens Küche.
Drei jüngere Forellen, die backen Frikadellen.
Mit bewegten Mienen servieren die Sardinen.
Die Fischsalate sind dem Hecht so fett und sauer grade recht.
Nur wenig ißt die Qualle, sie hat es an der Galle.
Ein fetter Hering in Gelee serviert den Schnaps beim Fünf-Uhr-Tee.
Ein Thunfisch will behilflich sein, und er kredenzt den Hochzeitswein.
Vom Alkohole leicht beschwepst, zieht sich zurück der alte Krebs.
Der ungezog'ne Tintenfisch bekleckst gar arg den Hochzeitstisch.
Es raucht den ganzen Tag der Salm, umwölkt von dichtem Tabaksqualm.
Als erstes Paar zieht sich der Wal mit Fräulein Klippfisch durch den Saal.
Mit Fräulein Backfisch tanzt der Hai und seufzt beglückt: Wie einst im Mai!
Es rezitiert frei nach Hans Sachs, verlegen rot, der junge Lachs.
Familie Goldfisch-Kabeljau empfiehlt sich unterdessen schlau.
Wenn sie noch nicht geangelt sind, dann plätschert bald das erste Kind.
Hat dieses seine Hochzeit dann, fängt unser Lied von vorne an.

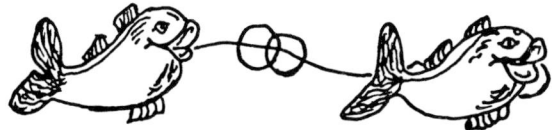

Glückwünsche:

Unsere Zeit vergeht geschwind,
nimm die Stunden, wie sie sind,
sind sie bös, laß' sie vorüber,
sind sie schön, so freu' Dich drüber.

＊

Zu zweit geht alles besser …

＊

Wer mit heiterem Gemüt nur die Sonnenseiten sieht,
bleibt immer jung, das ist doch klar,
viel Glück im neuen Lebensjahr!

＊

Allns Gode ton Geburtsdag!
Wenn wi gratleert, denkt wi doran,
wie een wie Du so jung blieben kann.
Mok wieder so, behol Dien Swung,
denn büs tofreeden Du un blivst gesund.

＊

Warum trinken Politiker keinen Wein?
Im Wein liegt Wahrheit!

Wer im zwanzigsten Jahr nicht schön,
im dreißigsten Jahr nicht stark,
im vierzigsten Jahr nicht klug,
im fünfzigsten Jahr nicht reich ist,
der braucht danach nicht hoffen.

Diese Weisheit kommt von Martin Luther (1483–1546)

Zum 18. Geburtstag

Jetzt bist Du 18 Jahre jung,
Steckst voll Elan, bist ganz in Schwung!
Die Mündigkeit hast Du erreicht,
Nichts mehr vergangner Kindheit gleicht!
Du glaubst, die Welt läg Dir zu Füßen!
Das ist normal, ist zu begrüßen!
Doch ist's ein Rausch für kurze Zeit!
Der Pferdefuß steht schon bereit!
Und der liegt plötzlich schwer im Magen:
„Verantwortung" heißt's jetzt zu tragen,
„Selbst" für sein Handeln grade stehn!
Hört äußerlich sich an ganz schön.
Doch denkt man das Problem zu Ende,
Erkennt man schnell die große Wende!
Siehst klar auch Du die schwere Last,
Die Du ab jetzt zu tragen hast!
Und Menschen, die Dir näher stehn,
Solltest Du niemals überseh'n.
Die Eltern Dir die nächsten waren!
Das halt' auch so in weitren Jahren!
Für junge Menschen ist's ein Glück,
Wenn stets ins Elternhaus zurück
Sie können, wenn mal Not am Mann!
Vergiß das nie, da denke dran!
Man kann zu leicht in ersten Tagen
Unendlich viel Porzellan zerschlagen!

*

Liebe macht glücklich
Freundschaft macht reich
jedoch der Kameradschaft
kommt keines gleich.

Rückschau

Langsam kommst Du in die Jahre,
aber freu Dich ruhig d'rauf.
Hast Du erst mal weiße Haare,
dann hört auch die Hetze auf.
Still schaust Du zurück auf's Leben,
was so scheußlich schwer oft war,
aber bei der Rückschau eben
wird Dir endlich dieses klar.
Denn Freude, Glück und frohe Stunden,
die das Leben manchmal bot,
hättest niemals Du empfunden
ohne Leid und ohne Not.
Denn alles was Du einst erlitten,
hat nun plötzlich einen Sinn.
Kommt das Alter angeschritten,
nimmst Du alles lächelnd hin,
was Dich früher dazu brachte,
ganz verzweifelt oft zu sein.
Werde alt in diesem Sinne –
denn dann ist Alter Sonnenschein.

Einladung

Hallo Freunde geb Euch kund,
daß ich bin munter und gesund
ich glaub's selber kaum aber es ist wahr,
am ... bin ich ... Jahr.
Nicht Jeder lebt so lang auf Erden,
drum soll der Tag gefeiert werden,
dazu lad ich Euch herzlich ein,
(Wochentag u. Datum einsetzen) soll's sein.
Beim Wein soll'n dann die Gläser klingen,
lang woll'n wir leben, laßt uns singen.

Denk' doch endlich mal an Dich!

Denk doch endlich mal an Dich,
was kümmern Dich die Leute,
üb nicht immer nur Verzicht,
denk an Dich und das noch heute!

Frag nicht dies und frag nicht das,
sieh nicht überall Probleme,
hab mal wieder Freud' und Spaß,
und genieß das Angenehme!

Komm heraus aus dem Gewühl,
das Dich täglich nur umgibt,
und hab endlich das Gefühl,
das ist Leben, das ich lieb!

Besinn Dich auch mal auf Dich selbst,
nutz Deine Qualitäten,
wenn Du Dich immer nur verstellst –
gerät Dein „Ich" in Nöten!

Peter Hermann Peters

Ein bißchen mehr Friede
und weniger Streit
Ein bißchen mehr Güte
und weniger Neid
Ein bißchen mehr Wahrheit immerdar
und viel mehr Hilfe in der Gefahr
Ein bißchen mehr Wir
und weniger ich
Ein bißchen mehr Kraft
und nicht so zimperlich
Und viel mehr Blumen während des Lebens
denn auf den Gräbern sind sie vergebens.

Das Geld muß rollen

Für manchen zählt nur das Geld,
das er fest in Händen hält,
darum sagt er jedem knapp:
„Keinen Pfennig geb ich ab!"

And're schwanken dann und wann –
sollte man nicht ab und an,
zumindest mal zuweilen,
untereinander teilen? !

Doch die, die kaum was haben,
sind meist bereit für Gaben
an jedes Bettelgesicht –
als sei es ihre Pflicht!

Letztlich kommt man zu dem Schluß,
daß das Geld stets rollen muß,
nur wär' es recht angenehm,
wenn's zu uns noch öfter käm!

Peter Hermann Peters

Sagt es nicht so leicht dahin
Der Unsinn hätte keinen Sinn
Denn in Stunden, wo der Unsinn waltet,
Da sind die Sorgen ausgeschaltet
Und sorglos sein, das heißt Gewinn
Drum hat der Unsinn seinen Sinn.

Geburtstagslied

Melodie: „Happy birthday …"

Zum Geburtstag viel Glück,
zum Geburtstag viel Glück,
alles Liebe, alles Gute
zum Geburtstag viel Glück.

50 Jahre bist Du heut',
darum sind hier viel Leut',
mög' Gott dich bewahren
vor Kummer und Leid.

Viel Segen, viel Glück,
kein Mißgeschick,
daß wünschen wir heute
von Herzen entzückt.

Hoch leben sollst Du
noch viel' Jahre dazu,
dreimal hoch sollst Du leben
und viel' Jahre dazu.

So is dat in Leewen!

„Sünd wi baven, juuch wi luut,
sünd wi ünnern, treckt wi 'ne Snuut;
Baven kiekt wi, o so wiet,
ünnern seht wi nix as Shiet!"

Mutter

Dat Best, wat uns de Herrgott geew
dat is un blifft de Mudderleew
Harrn wi keen Mudder op de Welt
wert wull recht schlecht üm uns bestellt.
Du schenkst mi't Leven, lehrst mi't Loopen
Mudder hew ick as eerstet roopen
Weer koolt de Welt, bi di weer't warm
mien Trost fün immer ick in Mudder's Arm.
To di kem ick mit all mien Sorgen
bi Mudder wer ick good geborgen.
Din Gedanken güng'n mit mi to School
Du seet's mit mi op'n Prüfungsstohl
hest mit mi bevert un mit bangt.
Hew ick di dat jemols dankt?
Un wär mi dat ock slimm ergahn
to di, Mudder, kunn ick immer kam.
Wenn du mal schimpst, du hars Geduld
Du hest doch blots mien Bestes wullt.
Du weerst mien Stütt, du geewst mi Kraft
mit die, Mudder, hew ick dat bestens schafft.
Du büst doch de Familienseel
fehlt Mudder, fehlt dat beste Deel.
Mudder schallst all Tied in Ehren holl'n
denn Mudderleew is nich to betahln
Danken will ick nich bloot hüüt −,
segg ümmer Dank, ick dank di Mudder!

? Jahr sünd een lange Tied
Wenn man se vör sick liggen süt
? Jahr sünd een korte Spann
Wenn man se süt von achtern an.

In fünfzig Jahren ist alles vorbei

Denk stets, wenn etwas dir nicht gefällt:
„Es währt nichts ewig auf dieser Welt."
Der kleinste Ärger, die größte Qual
sind nicht von Dauer, sie enden mal.
Drum sei dein Trost, was immer es sei:
„In fünfzig Jahren ist alles vorbei."

Und ist alles teuer, dann murre nicht,
und holt man die Steuer, dann knurre nicht.
Und nimmt man dir alles, dann klage nicht,
und kriegst du den Dalles, verzage nicht –
nur der, der nichts hat, ist glücklich und frei,
und in fünfzig Jahren ist alles vorbei.

Und ist auch ein andrer klüger als du,
dann sei nicht dämlich – und lach dazu.
Was nützt sein Wissen – stirbt er vorher,
bist du am nächsten Tage klüger als der.
Wer da weiß, daß er nichts weiß, weiß vielerlei –
und in fünfzig Jahren ist alles vorbei.

Und geht zu 'nem andern dein Mägdelein,
dann schick ihr noch 's Reisegeld hinterdrein.
Und bist du traurig, denk in der Pein:
„Wie traurig wird bald der andere sein."
Dem macht sie's wie dir – die bleibt nicht treu
und in fünfzig Jahren ist alles vorbei.

Und stehst du nervös am Telefon
und du stehst und verstehst da nicht einen Ton,
oder bist beim Zahnarzt – wenn er dich greift
und dich mit dem Zahn durch die Zimmer schleift,
und er zieht und er zieht und bricht alles entzwei –
in fünfzig Jahren ist alles vorbei!

Und bist du ein Eh'mann und kommst nach Haus,
halb drei in der Nacht – und sie schimpft dich aus,
dann schmeiß dich ins Bette und sag: „Verzeih,
wär' ich zu Hause geblieben, wär's auch halb drei."
Und kehr ihr den Rücken und denk: „Na schrei!
In fünfzig Jahren ist alles vorbei.

Und führst 'nen Prozeß du – ertrag die Qual.
Und hörst du 'ne Oper – sie endet mal.
Und hast du Magenweh und mußt raus
und da ist schon jemand, dann harre aus.
Wie lang es auch dauert, der Platz wird frei –
in fünfzig Jahren ist alles vorbei.

Und bist du ein Mädchen von zwanzig Jahr'
und freist einen Mann, der schon fünfzig war,
und der kommt dann gähnend bei Hochzeitsschluß
und braucht 'ne Stunde zu einem Kuß,
dann dulde und denk: 's ist einerlei,
in fünfzig Jahren ist alles vorbei.

Und sitzt auf der Bahn du ganz eingezwängt,
und dir wird noch 'ne Frau auf den Schoß gedrängt,
und die hat noch 'ne Schachtel auf ihrem Schoß,
und du wirst die beiden Schachteln nicht los,
und die Füße werden dir schwer wie Blei:
In fünfzig Jahren ist alles vorbei.

Und stehst du hier oben als Humorist,
obwohl dir zum Heulen zumute ist,
und du merkst dein Vortrag gefällt nicht recht,
und du selber findest die Verse schlecht,
sing immer weiter die Litanei:
In fünfzig Jahren ist alles vorbei.

Und fürchte dich nie, ist der Tod auch nah,
je mehr du ihn fürcht'st, um so eh'r ist er da.
Vorm Tode sich fürchten, hat keinen Zweck,
man erlebt ihn ja nicht, wenn er kommt, ist man weg;
und schließlich kommen wir all an die Reih —
in fünfzig Jahren ist alles vorbei.

Drum: Hast du noch Wein, dann trink ihn aus,
und hast du ein Mädel, dann bring's nach Haus
und freu dich hier unten beim Erdenlicht.
wie's *unten* ist, weißt du — wie *oben* nicht.
Nur einmal blüht im Jahre der Mai
und in fünfzig Jahren ist alles vorbei — — —

Blief fein in Gang

Blief fein in Gang! — So lang as't geiht.
Hol kreegel Seel un Lief.
De Mensch, — wenn he mol nix mehr deit —
watt tüdderig un stief.
Drüm kiek man driest mol vör de Döör
un goh vergnögt dörch Wind un Weer.
Sünst warrt di sachts de Tiet to lang.
Blief fein in Gang! —

Blief fein in Gang! — Snack fründlich mol
mit junge Lüe 'n poor Wöör.
Sitt dor nich blots in'n Lehnstohl dol
un quaark di sülms wat vör.
Bring man dien Haart so recht in Swung,
denn föhlst di lang noch frisch und jung.
Vör'n Öllerweern wees man nich bang.
Blief fein in Gang! —

Von Null zu Null

Die erste Null ist ein Erlebnis
Die zweite nimmt man stolz und leicht
Die dritte Null wird als Ergebnis
Meist mühelos und glatt erreicht.

Die vierte Null mit Schwung erklommen
Kennt gleichfalls kein Problem
Doch ehrlich und genau genommen
Ist sie bisweilen unbequem.

Die fünfte Null ist keine Bürde
Man fühlt sich fit, wie einst im Mai
Die sogenannte Halbzeithürde
Ist sicher aber schon vorbei.

Die sechste Null zwingt heimlich leise
den Lebenssommer in die Knie
Doch weiter geht die große Reise
Mit Zuversicht und Energie.

Die siebente Null beschert und spendet
Verehrung, Achtung, auch Respekt
Dem eigenen Dasein zugewendet
Hat mancher sich schon selbst entdeckt.

Die nächste Null tritt dann als achte
Kalendermäßig auf den Plan
Nicht stürmisch laut, nein sachte, sachte
Den stillen Freuden zugetan.

Die neunte Null gesund erleben
Bleibt meist ein frommer, schöner Traum
Das Fragen und das Antwortgeben
Stehn wie ein Fels im leeren Raum.

So reiht sich eine Null zur andern
Sie fügen sich wie Stein auf Stein
Gott schenkt uns Leben, läßt uns wandern
Er lehrt uns auch zufrieden sein.

Moderne Großmütter!

Die moderne Art zu leben, macht nicht vor den Omas halt,
am Althergebrachten kleben, wissen sie, macht selber alt.
Sie sind keineswegs von gestern, stricken keine Strümpfe mehr,
sehen mit den Enkeln Western, lernen ständig nebenher.
Haben nicht mehr still und gütig, Märchenvolk um sich gescharrt,
scheinen eher übermütig auf bewunderswerte Art.
Gehen jede Woche schwimmen oder zum Gymnastikkreis,
sind bemüht sich fit zu trimmen, lesen Bücher dutzendweis'.
Zum Terminkalender blicken, müssen sie, was man auch fragt,
einfach so die Kinder schicken, das ist jedenfalls gewagt,
denn sie reisen viel und gerne, sei's per Düse, Bahn und Bus −,
ja, die Oma, die moderne, zeigt uns, wie man leben muß!

Zum Geburtstag (ab 60 Jahren)

Ganz unbemerkt sind die Jahre vergangen,
und sicher spürst Du schon mal das Verlangen,
nach etwas Ruhe und Besinnlichkeit,
die wir Dir gönnen noch lange Zeit ...

Dein Lebensweg war bewegt und weit
und alles Erleben hat seine Zeit! − − −
Umarmen hat seine Zeit,
und Sichmeiden hat seine Zeit. − − −
Suchen und Verlieren hat seine Zeit.
Schweigen hat seine Zeit − und Reden hat seine Zeit.
Lieben hat seine Zeit − und auch Hassen hat seine Zeit.

Alles hat seine Zeit!!! − − −

Und jedes Tun unter dem Himmel
                    hat seine Stunde!

Der Kaktus

Ich wollte einen Blumenstrauß zum Geburtstag überreichen,
doch leider wurde nichts daraus.
Zwei Rosen sehen so schäbig aus,
und drei sind mir zu teuer.
Was nützt mir da der Nelkenreiz,
es ist die selbe Leier.
Zwei Nelken riechen sehr nach Geiz,
und drei sind mir zu teuer.
Zum Flieder fehlt mir auch der Mut,
man mag ihn noch so loben,
ein Zweig alleine geht nicht gut,
und zwei sind mir zu teuer.
Auch Tulpen haben viel Applaus,
und finden gern Verwendung,
doch zwei sind noch lang kein Strauß,
und drei sind reine Verschwendung.
Ich möchte das Geburtstagskind noch und noch mit Rosen überhäufen,
und muß des Geldes wegen doch zu diesem Kaktus greifen.

Herzlichen Glückwunsch!

(Statt Blumen überreicht man eine Vase mit einer Gurke, diese wird mit
Hartgeld bestückt, Schleife zur Dekoration.)

Auf einmal bis Du fünfzig,
wie schnell die Zeit vergeht,
schaut zurück und denkt sich,
es ist noch nicht zu spät.
Im Herbst, da blüh'n die Rosen,
im Herbst reift erst der Wein,
so kann man auch mit fünfzig
noch jung und glücklich sein.

Zum 70. Geburtstag

Siebzig Jahre lang zu leben
siebzig Jahre schaffen, streben
das ist Schönes, ohne gleichen
nicht alle können es erreichen.
Siebzig, dieses Alterjahr
ist fürwahr doch wunderbar.
(Auch ich durfte es bereits erleben
große Freud' ward mir gegeben)
Tu ins Märchenland einen Blick
Sieben heißt dort immer Glück
Sieben Geißlein, sieben Raben
Sieben köstlich dicke Schwaben
Sieben aus dem Zwergenreich
Sieben gar auf einen Streich.
Auch bei alten Schäfersleuten
tat die Sieben viel bedeuten!
Sieben Kräuter sind von nöten
soll'n sie blasse Wangen röten.
Auch bei Lebkuchen sind sieben
der Gewürze vorgeschrieben.
Mond- und Sonnenbahn gar frage
jede Woche sieben Tage
Sieben Wunder hat die Welt
auch sogar am Himmelszelt
strahlt der hellen Sterne sieben
feurig am Firmament geschrieben.
Siebzig Jahre, das sind 25 000 Tage
welche Lust und auch wohl Plage.
Über 6 mal 100 000 Stunden,
wieviel Freude und auch Wunden.
Siebzig Jahre, langes Leben
immer höher, immer weiter
bis zur letzten Sproß' der Leiter.
Wann sie kommt, weiß Gott allein
mag er gnädig mit Dir sein.

Vorgetragen von Gertrud Weilandt

Die sieben Weltwunder
der Antike und der Neuzeit:

1. Die ägyptischen Pyramiden
2. Die hängenden Gärten der Semiramis zu Babylon
3. Der Tempel der Artemis in Ephesus, auch Dianatempel
4. Die Jupiterbildsäule des Phidias zu Olympia, Kultbild des Zeus
5. Das Mausoleum zu Halikarnassos
6. Der Koloß zu Rhodos, Statue des Helios
7. Der Leuchtturm der ehemaligen Insel Pharus bei Alexandria

1. Hagia Sophia in Istanbul, ehemalige Krönungkirche jetzt Museum
2. Golden Gate Bridge in San Franzisko, Brücke über das Goldene Tor
3. Die Akropolis von Athen
4. Der Eiffelturm von Paris, zur Pariser Weltausstellung 1889 von Eiffel
   erbaut, der Turm war eine technische Sensation
5. Die Chinesische Mauer, eine Schutzmauer 6250 km lang
6. Brasilia, Hauptstadt von Brasilien, 1960 ist die Reißbrettmetropole
   errichtet
7. Tadsch Mahal, ein Mausoleum in der Nähe von Agra im indischen Staat
   Uttar Pradesh

Glückwunsch zum 80. Geburtstag

80 Jahre wirst Du heute,
bist flinker noch als junge Leute
Wir brauchen Dich noch, denk' stets daran,
drum fang das neue Lebensjahr fröhlich an!
Wir wünschen Dir ein langes Leben,
Gesundheit und Glück auf allen Wegen.

Deine Kinder, groß und klein
freuen sich auf ein lustiges Zusammensein.

Das Rentnerlied

Nach der Melodie: „Lustig ist das Zigeunerleben …"

1. Lustig ist das Rentnerleben.
   varia, varia, ho.
   Brauchen dem Staat keine Steuern geben.
   varia, varia, ho.
   Leben froh in den Tag hinein,
   bald wird wieder der Erste sein.
   Varia usw.

2. Sind wir leider auch nicht mehr jung,
   varia, varia, ho.
   Aber wir sind noch immer in Schwung
   varia, varia, ho.
   Die zwanziger Jahre, die waren so schön,
   aber die Welt, sie muß weiter geh'n.
   Varia, usw.

3. Schön ist auch das Rentnerleben.
   varia, varia, ho.
   Brauchen Niemandem Rechenschaft geben.
   varia, varia, ho.
   Ist die Rente auch noch so klein,
   gehört sie uns doch ganz allein.
   Varia usw.

4. Wollen wir mal etwas Anderes seh'n.
   varia, varia, ho.
   Eine Abwechslung im Alltagsleben.
   varia, varia, ho.
   Steigen wir dann in den Bus im Ort,
   fahren einmal fröhlich fort.
   Varia usw.

5. Ruft uns einmal der Petrus an,
   varia, varia, ho.
   egal ob Weiblein oder Mann.
   varia, varia, ho.
   Sagen wir ihm, es tut uns leid.
   Wir Rentner haben noch keine Zeit.
   Varia, varia, varia, varia, varia, varia, ho.

Die Arbeit

Mit der Arbeit ist es so auf Erden,
sie kann sehr leicht zum Laster werden.
Du kennst die Blumen nicht – die duften,
Du kannst nur arbeiten und schuften.
So gehen sie dahin – die schönen Jahre,
bis endlich liegst Du auf der Bahre,
und hinter Dir da grinst der Tod:
„Kaputt gemacht, Du Idiot!"

Ohne Faulheit kein Fortschritt! Weil der Mensch zu faul war, zu rudern, erfand er das Dampfschiff. Weil er zu faul war, zu Fuß zu gehen, erfand er das Auto. Weil er zu faul war, abends die Augen zuzumachen, erfand er das Fernsehen.

Was wir sollten

Mit Verstand den Klaren schlürfen
Froh sein, daß wir leben dürfen
Eine hübsche Jungfrau küssen
Nie sich sklavisch ducken müssen
Freundschaft mit den Freunden pflegen
Möglichst sich normal bewegen
Keinem die Erfolge neiden
Dankbar werden und bescheiden
Aber mit sich selbst im klaren
Dennoch seinen Stolz bewahren
Die Talente frei entfalten
Kritisch sich und wach verhalten
Gegen die Vergreisung kämpfen
Seine eig'ne Stimme dämpfen
Auch die Gegner gelten lassen
Weder sich noch and're hassen
Niemals wegen Kleinigkeiten
Blau sich ärgern oder streiten
Oder gar trübsinnig werden
Und sein Glück dadurch gefährden
Sondern still den Klaren schlürfen
Und solange wir's noch dürfen
Die erwähnte Jungfrau küssen
Respektive können müssen
Das ist alles was wir wollen
Respektive können sollen

Brausewetter hat sich auf dem Maskenball an eine blonde Schöne herange-
macht. „Sie erinnern mich an den Himmel", flüstert sie ihm beim Tanzen
ins Ohr. — „Oh, bin ich so schön?" lallt Brausewetter geschmeichelt. —
„Nein — aber so blau!"

Senioren-Rückschau

Man merkt's an der nicht mehr so schlanken Taille,
daß einem üppig Essen nicht mehr frommt.
Man merkt es, wenn man mal bei schnellem Laufen
und Treppensteigen aus der Puste kommt.
Man merkt an vielen Dingen, die mal Freude waren:
Wir sind nicht mehr, was wir vor 30 Jahren waren!

Man merkt es an den kleinen Schönheitsfehlern,
man merkt es an der Brille auf der Nase,
man merkt's an den dezent ergrauten Haaren:
Wir sind nicht mehr, was wir vor 30 Jahren waren!

Man merkt's an mancherlei Wehweh und Reißen,
und an der täglichen Arznei.
Es fehlt schon mancher eigene Zahn zum Beißen,
und damit Nüsse knacken ist vorbei.

Der Zahn der Zeit hat uns benagt in all den Jahren:
Wir sind nicht mehr, was wir vor 30 Jahren waren!

Doch wenn wir auch nicht mehr so ganz fabrikneu,
so sind wir doch beileibe noch nicht alt,
und mit den nöt'gen Mühen und Finessen
besitzen wir noch „Schönheit" und „Gestalt"!
Vor allem junges Herz und Charme, die konnten wir bewahren,
da fühlen wir uns noch genau so wie vor 30 Jahren.

Die Arbeit hält drei Übel von uns fern: Langeweile, Laster und Hunger.

Zum 80. Geburtstag

Geburtstag haben viele Leute, auch Du feierst Geburtstag heute!
Du hast die achtzig Jahre vollendet und sehr viel Liebe uns gespendet.
Wir danken Dir dafür!

Was Du in 80 Lebensjahren
an Schmerz und Freude, Lust und Leid erfahren,
das zieht – gerafft wie in der Filmerei –
an Deinem geistigen Auge heut vorbei.

Welch eine Zeit, im täglichen Vollbringen
des Glücks, der Sorge und des Weiterstrebens.
Welch eine Zeit, die fest Du überstanden,
getragen von Familien- und Freundschaftsbanden.

Welch eine Zeit, im täglichen Vollbringen
der Umwelt Achtung und Liebe zu erringen.
Dein Leben – rückblickend war es nur ein Augenblick –
soviel ist Dir geschehen – soweit liegt es zurück! –

Nimm es hin in Dankbarkeit und denk
die Jahre waren ein Gottesgeschenk!
Mit 80 Jahren hast Du die Erfahrung gemacht,
daß das Leben kein Geländer hat.

Das Leben bietet keine Sicherheit, außer der,
die in uns selber liegt.
Nur Selbstbewußtsein, Begeisterung, Können, Fleiß und
Beharrlichkeit schirmen uns vor den Gefahren ab.

Wer 80 Jahre wird, hat aber auch Grund zum Lachen!!!
Man sieht, Du steckst noch voller Lebenslust.
Ich weiß, es braucht Dich niemand froh zu machen,
Du bist Dir Deines Glückes selbst bewußt.

Du darfst auch jetzt noch mit den Augen blitzen,
gefühlvoll sein, in Dur sowie in Moll,
und wenn Du willst, in alle Bänke ritzen, – – –
Ich lieb mein Leben immer noch wie doll!!!

Herbstmelodie

Melodie: „Machen wir's den Schwalben nach" …

Nehmt das Alter nicht so schwer,
tragt es mit Humor!
Wer sich selbst bedauert sehr,
ist ein armer Tor.

So viel Schönes schenkt die Welt,
man muß es nur seh'n,
außerdem bleibt keiner jung
und nicht immer schön.

Ist auch grau nun unser Haar,
was ist schon dabei.
Uns, wir sagen es ganz klar,
ist das einerlei.

Wenn das Herz nur jung noch ist,
kann uns nichts gescheh'n,
und man wird uns überall
noch recht gerne seh'n.

Darum seid vergnügt und froh,
was der Tag auch bringt,
daß mit Klagen „Ach" und „Oh"
kaum etwas gelingt.

Packt das Leben richtig an,
und Ihr werdet seh'n,
daß auch unser Herbst kann sein
noch recht wunderschön!

Der Namenstag

Fritzchen bekommt als Hausaufgabe das Aufsatzthema: „Der Namenstag meines Vaters", mit dem Hinweis, keine zusammengesetzten Hauptwörter hineinzubringen.

Fritzchen schreibt wie folgt:

Gestern war der Tag des Namens meines Vaters. Schon früh am Morgen bereitete meine Mutter das herrliche Essen des Tages des Festes vor. Meine Schwester reinigte gerade mit dem Sauger des Staubes den Teppich des Persers, als es klingelte und der Bote der Post einen Brief der Eile brachte. Er war von meiner Tante der Großen, aus dem Dorf der Düssel. Sie schrieb, sie könne leider nicht kommen, denn sie liege im Hause der Kranken und sei an dem Darm des Blinden operiert.

Bald traf auch schon der Besuch ein. Eine Schwester der Zwillinge meines Vaters und mein Onkel des Paten, der zur Feier des Tages eine rote Nelke des Bartes in seinem Loche des Knopfes trug. Um 12 Uhr gab es dann das herrliche Essen. Das Mahl des Mittags: Suppe des Schwanzes des Ochsens, Fleisch des Rindes, Kartoffeln des Salzes, dazu Salat des Kopfes, Bohnen des Wachses und Kohl der Blumen. Das schönste aber war die Bombe des Eises, die meine Mutter aus dem Schrank der Kühle nahm.

Nach dem Mahl des Festes unterhielten wir Kinder die Erwachsenen mit Liedern des Volkes. Mein Bruder spielte auf dem Klavier des Schiffers, wobei ihn meine Schwester auf der Flöte des Blockes begleitete.

Dann kam noch mehr Besuch. Die Brüder des Kegelns meines Vaters und die Kapelle der Wehr des Feuers, die einige flotte Lieder des Rheines spielte. Am Nachmittag gab es dann den Kaffee der Bohnen, dazu Milch der Büchse und Zucker der Würfel. Es gab Kuchen des Sandes und des Marmors, Torten des Obstes mit viel Sahne des Schlages. Dann brachte Mutter noch den Beutel des Windes, Stiche der Bienen und viele Küsse der Neger. Es war klar, daß nach diesen Genüssen viele unser Klosett des Plumses aufsuchen mußten. Wir haben noch nicht eine Toilette der Spüle.

Nach dem Kaffee machten wir einige Spiele der Gesellschaft. Zum Brot des Abends gab es dann den Salat der Kartoffeln und der Heringe, dazu Schnittchen mit Wurst des Blutes und der Leber. Wer wollte, konnte auch Würstchen des Bockes mit dem Senf des Löwen haben. Dazu gab es das Bier des Bockes. Wir Kinder bekamen die Milch der Butter. Nach dem Essen tranken die Erwachsenen auch Wasser der Kirschen des Waldes der Schwarzen. Auch aßen sie dazu viel Stangen des Salzes und Nüsse der

Erde. Wir Kinder bekamen den Saft der Beere des Hannes. Leider sah Vater schon bald auf die Uhr des Bandes der Arme und wir mußten ins Zimmer der Kinder. Ich schlüpfte in meinen Anzug des Schlafes. Unser jüngster Halter des Stammes kam erst auf den Topf der Nacht und dann in sein Bett der Gitter. Dann krochen wir unter die Decke der Steppe und schliefen bald wie die Tiere der Murmeln.

Am anderen Morgen krähte der Hahn des Zwerges schon früh auf dem Haufen des Mistes vor der Tür des Hauses. Mein Vater hatte den Jammer der Katze, er spürte das Brennen des Sodes, nahm eine Tablette des Spaltes und ein paar Tropfen des Geistes der Melisse der Frau des Klosters. Dann verschwand er mit der Bürste der Zähne und dem Tuch der Hand in das Zimmer des Bades. Nach dem gemeinsamen Stück der Frühe ging mein Vater zur Stelle seiner Arbeit und wir Kinder in die Schule der Hilfe.

Gerne denke ich noch zurück an den Tag des Namens meines Vaters.

*

Gar manches Herrliche und Schöne auf der Welt
ist durch Krieg und Streit zerronnen
aber derjenige, der beschützt, erhält,
der hat das größte Los gewonnen.

Opklärung

Fortschritt, dat is de Weltenloop
So schriet de Lüüd hüt all tohoop
Wat fröher man de Groten lehr
Dat weet hüt all dat allerlüttste Gör
Un meis is jo de Söhn veel klöcker
Un ock belesener in de Böcker
As dat de Ool nun mal is
Ja, dor mök em keener mehr wat wies
De Grotvadder wies na'n Oddebor
Denn lütt Heine, de eers negen
Un ock lütt Korl de ers ach
Vertellt he beide mit Bedach:
Süh henn, de Vogel de dor flügt
De hett ju beiden lütt Klabauters bröcht
Un wünsch ju ji ne Schwester dorto
So ropt dat düssen Vogel to!
Dor möckt de Korl grote Ogen
Un deit denn den lütt Heini frogen
Du, wat meenst du, Korl, hett dat wert
Dat wie de Ohl'n noch mal opklärt?

Robinson Crusoe!

Ein Schiffbrüchiger, der monatelang auf einer einsamen Insel wie Robinson Crusoe lebte, sah plötzlich ein junges, hübsches Mädchen auf einer Tonne herantreiben. Freudige Begrüßung. Er erzählte ihr, wie lange er hier nun schon, ohne eine Menschenseele zu sehen, leben mußte. „Dann bin ich ja sehr wertvoll für Sie! Denn ich biete Ihnen etwas, worauf Sie lange verzichten mußten!" — Erfreut rief der moderne Robinson: „Sie haben also wirklich Rum in der Tonne?!"

Überraschung!

Hiermit kann man eine Freude machen und den Jubilar überraschen! Zum Geburtstag z. B. aus Stiefmütterchen oder ähnlichem die Geburtstagszahl auf ein Beet oder auch in den Rasenpflanzen, oder auf Kies die Zahl aus Sand aufzeichnen, auch für Hochzeitstage geeignet. In Schnee die Zahl aus Tannengrün oder aus Tannenzapfen legen.

25 aus ca. 50 Kohlköpfen

Uns Hannes weet en Deern ...

Uns Hannes weet en Deern,
de mag he dulle geern.
De smucke Deern heet Ann-Kathrin,
un he denkt: „Weer se blots al mien!" –
Uns Hannes weet en Deern,
de mag he dulle geern.

De Deern, de is so goot;
man Hannes fehlt de Moot.
To froogen truut sik Hannes nich,
nee, he is veel to töffelig.
De Deern, de is so goot;
man Hannes fehlt de Moot.

He nimmt sik jümmers vör:
„Hüüt obend froog ik ehr!" –
Man Hannes kriegt keen Woort nich rut
to froogen: „Warrs't mien lüttje Bruut?"
He nimmt sik jümmers vör:
„Hüüt obend froog ik ehr!" –

De smucke Ann-Kathrin
duur dat to lang un grien.
Se sä: „Du büst en Schusselkopp
un drück em fix en Söiten op.
De smucke Ann-Kathrin
duur dat to lang un grien.

Nu endlich weer dat rut,
un Hannes harr en Bruut.
Wat frei de ole Buer sik,
datt se em holpen to sien Glück.
Nu endlich weer dat rut,
un Hannes harr en Bruut.

Lütt Annemarie!

„Annemarie, kumm, danz mit mi,
ik schenk di ok en Ei!" –
„Nee", seggt de lütt Annemarie, „dat maak ik entzwei.
Nee, ik will nich danzen, ik danz nich!"

„Annemarie, kumm danz mit mi
ik schenk di ok en Hohn!" –
„Nee", seggt de lütt Annemarie „wat schall ik dormit doon?
Nee, ik will nich …"

„Annemarie, kumm, danz mit mi
ik schenk di ok en Peerd!" –
„Nee", seggt de lütt Annemarie „dat is mi doch nix weert.
Nee ik will nich …"

„Annemarie kumm danz mit mi
ik schenk di ok 'n Paar Schoh" –
„Nee", seggt de lütt Annemarie, „ik heff keen Lust dorto
Nee, ik will nich …"

„Annemarie, kumm danz mit mi
ik schenk di ok en Kleed"
„Nee", seggt de lütt Annemarie, „dat deit mi hartlich leed
Nee, ik will nich …"

„Annemarie, kumm danz mit mi,
ik drei di gau mal rum."
„Nee", seggt de lütt Annemarie „du büst mi veel to dumm.
Nee, ik will nich …"

„Annemarie, kumm danz mit mi
ik schenk di ok en Mann."
„Ja", seggt de lütt Annemarie, „denn danz ik wat ik kann.
Ja, nu will ik danzen mit min Mann."

Hochzeitstermine – Hochzeitsfeiertage

1 Jahr	Baumwollene Hochzeit
5 Jahre	Hölzerne Hochzeit (Girlande aus Holzspäne)
7 Jahre	Kupferne Hochzeit
10 Jahre	Rosenhochzeit
12½ Jahre	Petersilienhochzeit*
15 Jahre	Gläserne Hochzeit
20 Jahre	Porzellanhochzeit
25 Jahre	Silberne Hochzeit
30 Jahre	Perlenhochzeit
35 Jahre	Leinwandhochzeit (das Leinen wird erneuert)
40 Jahre	Rubinhochzeit
50 Jahre	Goldene Hochzeit
60 Jahre	Diamantene Hochzeit
65 Jahre	Eiserne Hochzeit
67½ Jahre	Steinerne Hochzeit
70 Jahre	Gnadenhochzeit
75 Jahre	Kronjuwelenhochzeit

* Zur Petersilienhochzeit binden Freunde eine halbe Girlande für die Haustür aus Petersilie, Wurzeln, Zwiebeln, Tannen usw., die andere Hälfte sieht man nur als Band hängen. Auch das Fest wird von den Freunden vorbereitet, z. B. belegte Brote oder ähnliches.

Warum wird geheiratet?

Der eine tuts um die Dukaten,
Der andre um ein hübsch Gesicht,
Der Dritte kann nicht länger warten,
Der Vierte weil Mama so spricht,
Der Fünfte will sich einmal setzen,
Der Sechste ist nicht gern allein,
Der Siebente will sich ergötzen,
Der Achte denkt, sollst auch mal frein,
Der Neunte tuts aus Mitleidstrieb –
Der … (Name des Bräutigams) aus lauter Lieb!

Gebet einer Jungfrau

Heiliger Andreas, ich bitte dich,
sei doch so gut und vergiß mich nicht!
Immer war ich so fromm und so fleißig
und nun bin ich schon weit über dreißig,
wo einer langsam mal heiraten kann,
heiliger Andreas, ich brauch einen Mann.

Schick mir 'nen armen oder 'nen reichen,
schick mir 'nen harten oder 'nen weichen,
schick mir 'nen dünnen oder 'nen dicken
zum Bekochen oder zum Bestricken.

Schick mir 'nen heißen oder 'nen kalten,
schick mir 'nen jungen oder 'nen alten,
schick mir 'nen poltrigen oder 'nen netten,
schick mir 'nen mageren oder 'nen fetten,
schick mir 'nen Bauern oder 'nen Knecht,
ein kleiner Beamter wäre auch nicht schlecht!

Ich hab doch ein bißchen Geld auf der Kass'
und später erb ich doch auch mal was.
Schick mir 'nen starken oder schwachen,
einen zum Weinen oder zum Lachen,
schick mir 'nen glatten oder mit Runzeln
zum Benähen und zum Beprunzeln.
Schick mir 'nen Tauben oder 'nen Lahmen,
schick mir 'nen wilden oder 'nen zahmen,
schick mir 'nen frommen oder 'nen Sünder,
meinetwegen auch mit 3, 4 Kinder,
schick mir 'nen großen oder 'nen kleinen,
ist egal, schick mir einen !!!

Zum Polterabend

Es ist zu Ohren mir gekommen:
Zwei haben sich was vorgenommen!
Freude und Leid in allen Tagen
wollen sie gemeinsam tragen.
Und da hab' ich mir gedacht,
hab' Euch auch was mitgebracht,
gehst mal hin, gibst guten Rat.
Das schien mir nötig, in der Tat.
Denn die Ehe ist kein Kinderspiel,
wenn's Euch auch heut' so scheinen will. –
Es ist doch so: Man nimmt sich vor
stets füreinander da zu sein.
Der Alltag ruft: „Ich gehe vor!
Ich will mein Recht! Die Zeit ist mein!"
Das Hobby ist ein Stundenfresser.
Wenn jeder einzeln es betreibt,
wo nimmt man dann die Zeit noch her,
die für Gemeinsamkeiten bleibt?
Natürlich nachts, – das ist ja klar! –
da findet man es wunderbar,
wenn eine Wärmflasche mit Ohren
das Bett erwärmt, wenn man erfroren.
Doch das allein macht – ei der Daus –
noch keine gute Ehe aus!
Du, liebe Braut, bedenke echt:
Ein Mann hat auch mal gerne Recht!!!
Und tut der Deine dieses kund,
sei manchmal klug und halt den Mund.
Laß ihm auch manchmal diese Freude;
denn davon profitiert ihr beide!
Und wenn es trotzdem einmal kracht,
was die Ehe ja lebendig macht,
dann schnell den Partner mal verwöhnen
und sich am selben Tag versöhnen!
Dem Bräutigam möcht' ich noch sagen:
„Man soll sein Frauchen auch mal fragen!

Sollt' Widerspruch sich manchmal regen,
gemeinsam planen, das bringt Segen."
Und noch was jetzt zum guten Schluß,
weil ich das auch noch sagen muß:
Die Eheliebste von Zeit zu Zeit
wünscht sich ein bißchen Aufmerksamkeit.
Nicht immer Geschenke in großen Kasten,
die dann die Kasse stark belasten –,
Nur eine Blume – ein lieber Blick –,
Viele Jahre hält dann das Glück!
Dies wünschen Euch auf allen Wegen
Familie, Freunde und Kollegen

Olga Witt

Schlüssel und Pantoffel

Liebe .....!
Diesen Schlüssel sollst Du haben und ich möchte Dir nur sagen: Hat Dein
... einmal sein Herz verschlossen, dann schließ es hiermit wieder offen! Du
wirst es sehen, das hilft bestimmt, daß er Dich wieder in die Arme nimmt.
(Großen Schlüssel schenken)

Lieber .....!
Einen Pantoffel siehst Du hier
komm nicht darunter, das rat ich Dir.
Wenn jeder in der Ehe hat sein Recht,
dann ist das Leben nicht so schlecht,
dann wird Euch Glück beschieden sein
und alle Tage Sonnenschein.
(Großen Pantoffel überreichen)

Zum Polterabend

Wi kam ick mi blos enmal an,
mit al min schönen Pütt.
De heff ick Di todacht,
un dienen Mann
To Boddermelk un Grütt.
(Billiges Geschirr zerschlagen!)
Wat nützt nu all dat Lammentieren,
dat Winseln un Geschrei,
Dat löt sik nu doch nicht kurieren!
Wat twei is, dat is twei.
So wünsch ick jau vell Segen mit Johr
as Scherben von düsse Pott.
Un wenn de lütten Kinners kamt
dann wünsch ick jau vell Glück!

Guste

Zum frohen Hochzeitsfeste stell ich, die Guste, auch mich ein.
Mein Dienstbuch sagt von mir das Beste und kochen kann ich wirklich
fein.
Ich hab gebildete Manieren, kenn Küchenarbeit ganz genau.
Vielleicht werden Sie mich engagieren für Ihren Haushalt, gnädige Frau?
Bei mir wird jeder Braten saftig, wie's einer echten Köchin Pflicht.
Versalzen, angebrannt wahrhaftig, sowas passiert der Guste nicht.
Ich sorg schon in den Flitterwochen, daß es dem Herrn bei uns gefällt.
Will seine Lieblingsspeise kochen, wenn's reichlich ist das Wirtschafts-
geld.
Damit Sie schleunigst sich entschließen u. mit dem Lohn auch knausern
nicht,
bitt' ich Sie höflich zu genießen das selbstbereitete Gericht.
Der Hering hält, was er versprochen, ist nicht versalzen, nicht verbrannt,
u. die Kartoffeln so zu kochen, dazu gehört ne Künstlerhand.
Jetzt will ich herzlich gratulieren, tret' ich in Eure Dienste ein,
denn dafür kann ich garantieren, wird Eure Ehe glücklich sein.
(Teller: Pellkartoffel, Hering überreichen)

Der Luftballontanz,

für Polterabend oder Hochzeit, eine lustige aber auch strapaziöse Angelegenheit. Alle Anwesenden werden gebeten, die an sie verteilten Luftballons aufzublasen und zu gegebener Zeit nach vorne zum tanzenden Brautpaar zu reichen.

Das Brautpaar wird in Bettbezüge gesteckt. Die Füße (Löcher vorher in den Bezug schneiden) Arme u. der Kopf bleiben draußen, dann wird der Bezug oben zugeknöpft. Der Tanz beginnt, alle klatschen, bei der Musikunterbrechung werden die ersten Luftballons in den Bezug gesteckt, der Tanz geht unter Beifall weiter. Musikunterbrechung, die Bezüge werden voller und voller. Das Brautpaar kann sich kaum noch in Tanzhaltung erreichen, der Umfang wächst und wächst bis es die ersten Knaller in der Hose, nein, im Bettbezug gibt.

Who is who?

Wer kennt die Gäste, nennt die Namen,
die heute hier zum Poltern kamen?
So lernt ihr sie am besten kennen,
ich werde sie beim Namen nennen!

Die Vorstellung einer bunt zusammengewürfelten z. B. Polterabendgesellschaft kann folgendermaßen stattfinden:

Zunächst stellt man sich selbst vor und bedankt sich dabei sein zu dürfen, dann stellt man die Hauptpersonen vor, dann die Eltern der Braut, des Bräutigams, Geschwister der Braut, dann des Bräutigams, Großeltern der Braut, des Bräutigams, Onkel und Tanten, Vettern und Cousinen, Freunde und Freundinnen, Arbeitskollegen, Studienkollegen, Bekannte und „Unbekannte", Bewohner des Dorfes, der Straße, Nachbarn usw.

Danach folgt eine Laudatio der Hauptpersonen oder auch ein lustiger Beitrag.

Die jeweils Aufgrufenen sollten sich durch Handzeichen oder durch Aufstehen zu erkennen geben. Lustige Sache!

Dat Upgebot

Et gifft nix bäters uppen Dorpe hier
als ne schöne Hochtietsfier. – – –

Doch bet man erfüllt sien grote Sehnen,
hast du manche Hürde tau nehmen!
Under annern mußt du dat Upgebot bestellen;
un dovon will ick jetz vertellen:

Et is woll so hunnet Johre her,
as et hier so Sitte wer:
wenn en keuschet Poor nohe Kerke trocke,
lüe de schöne grote Glocke.

Was et ober Not an Mann,
wat jo ok mol vorkomen kann,
dä'en se de lütsche Glocke lühen,
un jeder wußte – dä mött frien!

Nu was et mol een schönen Märzendag,
an den man sick so richtig freuen mag,
do satt hier in det Pastors Stube
Friedhelm mit siner grooten Liebe.

Se härn schon dit un dat besprocken;
Eleonore schöll up de Hochtiet koken, –
un wat man sick so noch vertellt,
wenn man dat Upgebot bestellt.

Um dat Gespräch nu tau beennen,
dä de Pastor sick an den Brödigam wennen:
„Friedhelm sagen Sie nun an, –
welche Glocke ist denn bei Ihnen dran?"

„Selbstverständlich de grote, Herr Pastor!"
Säen Friedhelm un Bruni im Chor.
„Na, dann hätten wir ja auch das erledigt, –
und ich beginne gleich mit der Predigt!"

Dobie moke hei Anstalten, um uptaustohen.
Dat junge Poor schicke sick an no Hus tau gohn.
Bevor sei rutgingen stund Friedhelm noch mol wisse,
öhn plogen de Gewissensbisse.

„Ach, Herr Pastor, et is nich so.
Mien Harte ward nich richtig froh. –
Ower wat schiwwe noch lange rummefimmeln:
Lot'se doch de lütsche Glocke so'n beten twischenbimmeln.

Denn hät dä Lüe öhren Willen,
un ick kann mien Gwissen stillen." –
Un seit der Tiet wärd beide Glocken nu'e retten
süs här't schon manchen anneschetten!!!

Liebe macht blind, aber wer heiratet, kann plötzlich wieder sehen.

*
∗

Seltsam! Manche Frauen versuchen ständig den Mann zu ändern und jammern dann, wenn er nicht mehr der alte ist.

*
∗

Das Wörtchen Ehe besteht nur aus drei Buchstaben, von denen zwei sogar noch gleich sind. Und trotzdem muß manches Ehepaar Jahrzehnte daran buchstabieren.

*
∗

Für die Welt bist Du irgend jemand –
aber für irgend jemand bist Du die ganze Welt.

De Inladung

Went grot Menü den End togeit,
de Wien so langsam Wirkung deit,
wenn de Vordreg un Reden gat to End
und dat Protokoll nich mehr so streng
Wenn all satt sünd und rech tofreden,
will ick noch een ton Besten geben.

De Inladung kümmt schon Wochen ör,
denn nimmt man sick nicks anners vör,
und bedank sick schön wie't sick gebührt,
man wet je eben, wat sick gehört.
An Affseggen, nee, dor denk wie nich an
dat kunn man je as Beleidigung sehn.

Doch denn, denn geit dat grübeln los
To Sülberhochtied wat schenk wie blos.
Womit künnt wie de beiden beglücken
un künnt dormit eer Heim noch smücken.

Uns Damen grübelt und stellt de Froch,
wat treckt man an, wat is hüt Mood,
wie deep drich man dat „Dekoltee",
wat pass dor to vörn Hoortupee?.

Dat Telefon dat löpt sick hitt,
geit man in lang, in schwart, in witt,
man viesentert de Kleeder, Blusen
man drich hüt weller stramme Busen.

De Schmuckschatull ward viesenteert,
de Schrank vun boben na ünnern kehrt.
Een beten eng dat nee Korsett,
weil man schon weller tonahm hett.
De olen Schoh? Ick meen:
sünd ünnern lang' Kleed jo nich tosehn.

Bi'n Frisör ok noch gau anmelln
wegen Tönung un de Dauerwelln.

Wie Manns makt son Gedöns nich mit,
halt uns en 08/15 Schnitt.
De schwarte Frack kümmt an de Luft,
dat ruttreckt Mief und Mottenduft.
Frisch' Bügelfalt, 'n poor Sosenplacken,
de kann man mit Benzin rutmoken.

De Dach is dor; denn geiht dat los.
To Mettag gift blot Schostersoss.

Un weil man vör de Reinlichkeit,
man Badedas in't Woter deiht.
Man schürt und schruppt und riff sick in
mit Hormozenta und Trilysin.
Dat Bad, de Schloopstuv, de ganze Kaat de rückt
as wer man in en Parfümfabrik.
Denn wart sick rutputz und geschniegelt,
vun vörn und achtern sick bespiegelt;
un dann wart uck schon höste Tied,
denn Punkt Klock sös, denn is sowiet.

Hier wart sick begrüßt, gratuleert und bekakelt,
un öwer düssen und jene spektakelt.
Denn gift dat een Drink, vör de Männer 'n Billet,
wo nehm man sick hentosetten hett.
De Platz an Disch ward anvisiert,
dormit man nich so lang in Saal rümirrt.
Doch vörher mutt man noch gau mol verschwinn,
denn ümmerhen durt dat Fest etlige Stünn.
De Fleeg graod trecken vor den Spegel
un gau noch mal keken no de Fingernägel.
Un denn giff dat een Tusch, man wart all nervös.
Aber dat Silberpoor, dat kümmt jo toerst.
Und wer denn grad Pech hett, dat wet vörher keen,
de hett grod en Dischbeen mank de Been.

Ganz heimlich wart dat Besteck dörchtellt,
und sick rationell op dat Eten instellt.
Vergeten de krank Leber, de Gall, de Diäten,
aff morgen dor wart weller Husmannskost eten.

Man gifft sick ganz vörnehm, schnakt hochdütsch kareert
und deiht so, as wenn düt dagdägli passeert.
Man schlürft un man schmatzt nich, pult nich in de Tän,
vun wegen de Bildung un datt Benehm.

De Wien de köpt und man kämpft mit de Hitten
dat Korsett dat drück, man kann kum noch sitten.
Noch en Stück Tilsiter oder Camenbert
und dann mütt ick passen, kann enfach nich mehr.

Man kann sick ja ok nich völlig gahn laten,
ick heff mien Fru ja vördem wat verspraken.
Dat schall sick natürlich op Danzen betrecken,
mit La Bostella, Cha-Cha-Cha und Steppen.
Wenn ick doran denk, mit dat vool Liev,
man is ja keen achtein und wart all'n beten stiev.

Un dormit wär ick uck an End,
will een korten Satz noch seggen.
Ick möch nu nochmal beden,
sick van de Plätze to erheben,
dat Silberpoor, hoch schöt see leben.

Zwei Freunde treffen sich. „Du hast also doch die Ramona geheiratet?"
„Ja, wir hatten allerdings zuerst vor, gute Freunde zu bleiben, dann haben
wir es uns aber doch anders überlegt."

Gruß an das Brautpaar!

Heut' beginnt ein neues Leben
neues Schaffen, neuer Fleiß
Arbeit ist des Lebens Würde,
Segen ist der Mühe Preis.
Und der Ehe höchstes Kleinod
ist die Liebe ganz allein,
wird bei Euch sie nie erkalten,
wird's auch immer Frühling sein.

Mag der Zukunft dichter Schleier
nie enthüllen Sorg und Leid
und noch zur goldenen Feier
leben voller Seligkeit.
Mög den Ehehimmel trüben
Mißgunst, Streit und Zwietracht nie,
mögen Eure Herzen tönen
stets in reiner Harmonie.

Alle die wir hier zugegen,
wünschen Euch das Beste nur.
Gieße Zukunft Deinen Segen
auf des Lebens grüne Flur.
Nun stoß an, Ihr lieben Freunde,
gebt die Gläser leer zurück;
Volles Glas, gibt volle Freude:
trinkt auf unsres Brautpaar Glück.

Junges Ehepaar sucht für sofort eine Säuglingsschwester in Dauerstellung.

Solotänze!!!

Alle haben wir schon drauf gewartet, daß endlich ein Vergnügen startet.
Heute feiern wir ein schönes Fest, das keiner sich entgehen läßt.
Da hab' ich mir was ausgedacht, wo alles jubelt alles lacht.
Das Leben ist doch schwer genug, ich will's Euch machen heiter,
und geb' Euch einen guten Rat, Ihr tanzt, und ich sprech' weiter.
Nun fangen wir die Sache an und jeder tanzt so gut er kann.

1. Als erstes Paar tanzt ganz galant, die Mücke mit dem Elefant.
2. Der Tanz, der war ja ganz famos, nun geht es auf den zweiten los.
   Der Truthahn und das Trampeltier, sind ja auch heute abend hier.
3. Das dritte Paar, wo mag es sein? Der Teufel und das Engelein.
4. Der Schornsteinfeger ist auch zur Stell', er tanzt mit seiner Kochmamsell.
5. Und jetzt kommt her, wir warten schon, die lustige Witwe und der Zigeunerbaron.
6. Jetzt spielt die Musik einen Walzer aus Wien für Adele Sandrock und Charlie Chaplin.
7. Jetzt heitern auf die ernsten Gemüter, Heinz Rühmann und Fräulein Stummelschlüter.
8. Was kommt denn da? Oh Jemine, der Schiebermax und die Klingelfee.
9. Die beiden haben das Schieben raus, nun folgt der Brummbär mit der Fledermaus.
10. Der Heringsbändiger hält die Stange, er holt sich flugs die Klapperschlange.
11. Wenn andere geh'n in die Kirche, so tanzen Wandersmann und Lerche.
12. Der keusche Josef besinnt sich nicht lang, er holt sich die Jungfrau von Orleans.
13. Der Adam, die Eva, ach wie süß, sie lernten sich kennen im Paradies.
14. Die beiden fehlten uns noch grad', die Hebamme und der Storch im Salat.
15. Die beiden tanzen wirklich bon, nun folgen Pat und Patachon.
16. Man sollte es nicht glauben, sagt Theo Lingen, daß die beiden so was fertig bringen, drum holt er, eh' es zu spät, die Ida Wüst sich auf's Parkett.
17. Wer heut' eine Niete ist gewesen, bekommt einen Ehrentanz mit dem Besen.

18. Der Frosch, ich weiß sein fester Wille, wäre tanzen mit der Grille.
19. Die Schnecke tanzt, und das ist toll, mit dem Igel einen Rock'n Roll.
20. Schneewittchen wartet auf dem Berg und hält Ausschau nach dem Zwerg.
21. Auf der Suche nach dem Glück, findet Mariechen den Hein-Mück.
22. Der Wurm im Wasser am Haken steckt und die Aufmerksamkeit der Forelle weckt.
23. Es finden sich nun auf die Schnelle, der Räuber Hotzenplotz und die Libelle.
24. Nun aber kommt der Salamander gerannt mit dem Mäuschen an der Hand.
25. Die Katze wird nun Freundschaft schließen mit dem Hund, der wird's genießen.
26. Für den Drückeberger eine Polka bitte! Ruft die Nixe: „Das ist so Sitte!"
27. Der Weihnachtsmann mit Bart und Sack, trägt die schöne Helena zum Tanze hukepack.
28. Es erhebt sich vom Platze der Rabe geschwind und hört zu, wie beim Tanze die Nachtigall singt.
29. Nun ist der schöne Reigen aus, wir geh'n noch lange nicht nach Haus. Denn zum Schluß, tanzt die Liebe mit dem Kuß.
30. Unser Chorleiter freut sich, glaubt wir hätten ihn vergessen, doch nach dem „Schluß" sind wir auf das Ende versessen. Wir alle meinen, daß ein Reiter das Tanzbein schwingen wird mit dem Chorleiter.

Bei diesem Tanzspiel werden vorher kleine Kärtchen, beschrieben mit dem jeweiligen Namen, an die Gäste verteilt.

Brautpaar's Essenplan

Manche Hausfrau macht sich Sorgen,
täglich um die Kocherei.
Lieber Mann, was koch' ich morgen,
bringe mir 'nen Vorschlag bei.

Sei ganz unbesorgt mein Liebchen,
ich geb' dir schon einen Rat.
Montags kochst du gelbe Rübchen,
abends gibt's Selleriesalat.

Und am Dienstag liebes Kleinchen,
kochst du frisches Sauerkraut.
Holst ein Rippchen von dem Schweinchen,
davon bin ich sehr erbaut.

An dem Tage wo die Woche
wird geteilt mein liebes Kind,
kannst du Hülsenfrüchte kochen,
weil die „leicht" verdaulich sind.

Donnerstag mein liebes Schätzle
gibt es wieder wie apart,
feine Grütz mit Leberwürstle,
denn das Geld wird schön gespart.

Freitag möchte ich mich laben,
mal an einem frischen Hecht,
doch, da wir kein Geld mehr haben,
ist mir auch ein Hering recht.

Samstag dann zum Wochenende,
mache Grieben mit Salat,
dazu denken wir uns Lende,
siehste Frau, so wird gespart.

Sonntag bist du bei deinem Männchen
eingeladen dann zu Tisch,
er schlägt Eier in ein Pfännchen,
eins für dich und drei für sich!

So, nun hab' ich für die Woche
einen Plan dir aufgestellt,
liebe Frau nun kannst du kochen,
doch verlang von mir kein Geld!!!

Bewegungslied

Melodie: „Eine Seefahrt, die ist lustig!"

Daß uns gleich beim ersten Verse, auch der richt'ge Rhythmus packt,
schlagen wir jetzt mit der Rechten in der Luft recht schön den Takt.
Hollahi, hollaho …

Um den Takt auch gut zu hören, schlagen munter wir und frisch
mit der faustgeballten Rechten alle kräftig auf den Tisch!

Weil der Krach Euch hat gefallen, macht dasselbe noch einmal,
außerdem stampft mit den Füßen alle kräftig auf den Saal!

Jetzo woll'n wir mit dem Kopfe, einmal wackeln hin und her,
nur nicht zieren, feste wackeln, es ist wirklich gar nicht schwer!

Mit Abwechslung auf und nieder und das dachte ich mir so:
Bei dem „Hi", da steh'n die Damen und die Herren steh'n beim „Ho"!

Alles steht jetzt wieder munter, ordnet sich im Kreise rings,
eingehakelt jetzt zum Schunkeln, erst nach rechts und dann nach links!

Nun nimmt jeder seinen Löffel, oder sonst auch irgendwas,
und dann klopfen wir im Takte alle fröhlich an das Glas!

Jeder nimmt nun noch sein Gläschen, und stößt mit dem Nachbarn an,
aber nur ein kleines Stößchen, daß man nichts verschütten kann!

Und zum Schluße leer'n wir alle, alles was noch drin im Pott,
nachher doch in diesem Falle, pfeifen wir den Kehrreim flott!!!

Der Gummibaum!

(Einen trockenen Zweig dicht an dicht mit Gummibärchen behängen oder mit vielen kleinen Gegenständen aus Gummi. Z. B. Gummiringe, -bänder, -kappe, -ente usw. und verpackt überreichen!)

Ich habe lange nachgedacht, was Euch zur Silberhochzeit Freude macht. Da fiel mir doch neulich ein, über eine Blume würdet Ihr Euch freu'n.
War es nicht immer Euer Traum ein schön gewachsener Gummibaum? Im Geist schon sah ich ihn vor mir steh'n in seiner Pracht gummiert und schön.
Schnell schickte ich ... in den nächsten Blumenladen, ob sie einen Gummibaum haben. Doch diese sind sehr rar, sie haben alle verkauft in diesem Jahr. Also ging ich selber zum Blumenladen hier am Ort, doch die Antwort – die Gummibäume sind alle fort! Wie wär's aber mit einem anderen Blumentopf? Doch ich schüttelte nur den Kopf. Ich will einen Gummibaum schenken und lasse mich durch nichts anderes ablenken!
Ich sah noch schnell bei ... rein, vielleicht könnte hier noch einer sein. Ich suchte nach im ganzen Raum, aber leider nirgendwo – ein Gummibaum. Unser Gartencenter im Ort, mein nächstes Ziel, auch hier kein Baum, der mir gefiel.
Nun versuchte ich es auf alle Fälle, in der nächsten Stadt, bei Quelle. Ich fuhr auch gleich zum großen Markt, hab dabei noch falsch geparkt. Blumenstände über Blumenstände und ich hab gedacht, wenn ich doch hier nur einen fände! Ihr ahnt es schon, ich glaub es kaum, auf dem ganzen Markt kein Gummibaum. Erschlagen bummelte ich durch die Stadt, ich dachte, wer hier wohl meinen Traumbaum hat. Vor jedem Fenster blieb ich steh'n, nirgends war ein Gummibaum zu seh'n.
Durch Fleurop wollt' ich es versuchen und für ... einen Gummibaum buchen. Die Antwort: Von Fleurop wird keiner verschickt und keiner vergeben, nehmen sie lieber einen Topf mit buntem Leben! Nein Danke sagte ich, warum soll ich eine andere Pflanze nehmen, es wird wohl auch einen Gummibaum geben.
Ich traute meinen Augen kaum, in einem kleinen Ladenraum, sah ich meinen Gummibaum.
Ein Baum, ein Baum – schön wie ein Traum.
Ich kaufte dieses seltene Stück und fuhr damit nach ... zurück. Man soll doch keine Mühe scheuen, denn sicher werdet Ihr Euch freuen!

Ich finde ihn besonders schön, er ist so gummig anzusehn. Zu pflegen ist er auch sehr leicht.

... gieße nicht zu viel, daß er auch nicht weicht.

Dieser Baum kann ewig leben, brauchst auch keinen Dünger geben. Was schöneres glaube ich, sahet Ihr wohl kaum, drum packt ihn aus
„Den Gummibaum"

Petrus verteilt Wohnungen

Eine wohlhabende Dame trifft im Himmel bei Petrus ein. Er heißt sie herzlich willkommen und führt sie durch das Paradies, wo viele Wohnungen bereit stehen. Große, kleine, reich ausgestattet und auch ärmlich.

Die Dame ist entzückt.

Hier möchte ich wohnen, nein hier, ach dort ist es noch schöner.

Petrus führt sie geduldig durch das Wohnparadies.

Jetzt bleibt er vor einer winzig kleinen Holzhütte stehen und sagt zu ihr: „Hier dürfen Sie wohnen."

Sie ist entsetzt.

„Ja, leider", meint Petrus „wir haben für Sie gebaut, was von Ihren überwiesenen Zahlungen möglich war!"

Keiner kann etwas mitnehmen, aber jeder kann etwas vorausschicken!

Die Hochzeitstorte

Liebe . . . . . ., lieber . . . . . .

Zu einer Hochzeit gehört doch allerorten
eine von den schönsten Hochzeitstorten.
Drum haben wir aus schönen Sachen
auch dieses Wunder hier gebacken.

Das Rezept, das bekamen wir
geschenkt von der IG-Druck und Papier.

Man nehme starken Pappkarton
und schneide eine runde Form.
Daran klebt man schöne Servietten,
soviele wie jeder gerne hätte.

Und fertig ist nach kurzer Zeit
unserer Torte Unterkleid.

Mangels Milch, Butter, Eier, Mehl,
und Safran, das bewährte Kuchengehl,
nimmt man für diese Torte hier
schlicht weiß gerolltes Toilettenpapier.

Man backt die Rollen nicht als Wurm,
sondern bildet einen schönen Turm.
Backpulver als Bindemittel ist verpönt,
man hat sich längst an Pattex gewöhnt.

Das hält auf Dauer und verspricht,
die Torte nie zusammenbricht.
Wer nimmt heute noch Sahne oder Marzipan?
Auf ihre Linie achten Frau und Mann.

Zum Verzieren Servietten aus gelben Mull,
garantiert ohne Kalorien oder Joule.
Fertig ist das schöne Stück.
Was fehlt nun noch zu Eurem Glück.

Vielleicht ein Tip für den Gebrauch,
den braucht man dann und wann ja auch,
Liebe ..., hast Du mal Not im „Stillen Örtchen"
und rufst nach ...: „Bring mir Papier",
dann läuft Dein Schatz schnell hin zum Törtchen
und schneidet rasch ein Stückchen Dir.

Denn zum Verzehr, daß wär ja auch gelacht
ist diese Torte nicht gemacht.

So wünschen wir Euch für die Zukunft hier,
immer recht viel Mangel an Papier.

Tafelspruch

Gar herrlich war des Festes Mahl
mit allen seinen Gaben,
das Schönste war in reicher Wahl
an unserm Tisch zu haben.
Fürwahr es ist ein Hochgenuß,
wenn stundenlang man essen muß,
zumal, wenn uns daneben
ein guter Trunk gegeben.

Nun wollen wir mit heiterem Sinn
der Stunden noch recht viele
uns amüsieren fernerhin
bei frohem Tanz und Spiele.
Wir bleiben bis zur späten Stunde
vereint in trautem Freundschaftsbund.
Wir gehen nach dem Schmause
noch *lange* nicht nach Hause!

Hochzeitslied

(Melodie: „Gold und Silber")

Glück mit Dir, Du junges Paar,
heut' zum Hochzeitsfeste,
wünscht' von Herzen immerdar
Euch die Schar der Gäste.
Was Ihr Euch gelobt in Treu'
heut' vorm Traualtare
mög' die Lieb' Euch immer neu
grünen viele Jahre.

Mag der Himmel Jahr für Jahr
Eure Arbeit segnen
und im Haus auch immerdar
Euch das Glück begegnen.
Strebt getreulich Hand in Hand
gleichem Ziel entgegen,
dann bleibt Eurem Ehestand
täglich neuer Segen.

Teilt gemeinsam jede Freud',
daß sie zweifach blühe.
Tragt zusammen alles Leid,
das nur halb die Mühe.
Gönnt Euch stets ein liebes Wort,
laßt die Bösen schweigen,
dann wird wachsen fort und fort
Euch das Glück sich neigen.

Eine Frau ist so alt wie sie sich fühlt!
Stimmt, aber sie fühlt sich niemals so alt wie sie ist.

Zur Hochzeit

Wo zwei Herzen sich verbinden,
die die Welt nicht trennen kann,
weil sie beide gleich empfinden,
stimmt der Himmel Lieder an.
Wo zwei gleichgesinnte Seelen
sich versprochen Lieb' und Treu'
wird der Segen niemals fehlen
in des Lebens schönem Mai.

Mögen Euch, die sich verbunden
für die ernste Lebenszeit,
glücklich strahlen alle Stunden,
die der Himmel Euch verleiht.
Möge Gott die Stürme lenken,
daß sie Euch nichts haben an,
möge er Euch Frieden schenken
für die ganze Lebensbahn!

*Wenn eine Frau für einen Mann die Sonne seines Lebens
ist,
dann kann es leicht passieren, daß er ständig im Schatten
leben muß.*

*Frau Schmidt rauschte in den neueröffneten Bäckerladen
und fragte: „Sind sie der Bäcker, der 12 Kinder hat?"
„Nein, ich bin bloß sein Gehilfe!"*

Dem Brautpaar

Nach der Melodie „Gold und Silber lieb'ich sehr"

Gold und Silber lieben sehr
groß und kleine Leute.
Unser junges Paar denkt mehr
an die Liebe heute.
Bleibet einig treu und fest
bis in ferne Zeiten.
So nur kann im eigenen Nest
man das Glück bereiten.
Gold und Silber nicht allein
kann das Herz beglücken,
denn das Äußere ist nur Schein
und kann schnell entrücken.
Aber jeder junge Tag
in der Liebe Zeichen
rechtes Glück Euch geben mag
Freude ohne gleichen.

Rundfunkansager zum Hochzeitsfeste

Achtung! Achtung!
Hier ist der Rundfunk – Ehedienst!
Wir wünschen dem jungen Paare
Gesundheit, Frieden, Glück und Ruh'
in manchem eh'lichen Jahre.
Wir wünschen ihm Frieden am häuslichen Herd
doch manchmal auch Donner und Blitze.
Dann ist die Liebe auf's neue begehrt
und thront auf dem höchsten Sitze.
Wir wünschen ihm Glück, viel Gut und Geld
zuweilen auch Mißbehagen,
denn auf die Dauer niemand gefällt
das Gleichmaß von guten Tagen.
Der Himmel Euch seinen Segen sende
der Rundfunk – Ehedienst – ist zu Ende.

Ehestandsregeln

An Sie: Steh pünktlich auf, schlaf nicht zu lang,
Sonst gibt es gleich am Morgen Zank.
Sorg stets, daß auf dem Frühstückstisch
Der Kaffee gut, – die Semmel frisch.
Das schmackhaft und zur rechten Zeit
Das Mittagessen sei bereit.
Das Reinmachen muß geschehn,
Daß er's nicht braucht mit anzusehn.
Kommt von der Arbeit er nach Haus,
Sieh Du stets froh und lustig aus.
Geht er mal abends fort zum Wein,
So darfst Du nicht gleich böse sein.
Denk an den Spruch von Meister Goethe:
„Zu Hause bläst der Mann die Flöte."

An Ihn: Liegt sie des Morgens süß in Ruh
Dann koch den Kaffee selber Du.
Willst Du besonders nett noch sein,
So bring ihn ihr ans Bettelein.
Sag, wenn versalzen ist die Suppe,
Das schmeckt ja prächtig, süße Puppe.
Und wenn es einmal schlecht geraten,
Das ist ja auch famos geraten.
Will sie einmal Gesellschaft geben –
So sage: Recht mein süßes Leben.
Kommt mit dem Gelde sie nicht aus,
Rück freudig noch ne Mark heraus.
Und „Merke Dir mein lieber Junge"
Das Stiefelputzen stärkt die Lunge!

De nie'e Antog

Dien Antog süht so schurig ut
so kannst du nich mehr loopen
dor kickt jo all dat Futter rut
wie ward die een nien koopen.

So meent mien Anke se haakt mie in
trook mit mi los, bums wern wie binn
int Koophus vun Hein Briken
uns'n Antog antokieken!!!

Toerst söcht beid' wie in Paterr
mien Anke mokt een Hüpper!
Ei, Hans, Liebling kiek dor mal her
sünd dat nich söte Schlüpper?
Sünd de nich hübsch? Sünd de nich schön,
Och Hans, keup mi dorvun een!
Een Schlüpper bloots, mien Seuten!
De ersten fief Mark weern fleuten – – –

Un denn kem wie to'n tweeten Stand
se dee mien Arm erhaschen
un wer up eenmal ut Rand und Band
Oh, schau die hübschen Taschen
de blaue hier weer wat för mie
Wat Hans? De gefallt ok die?
Keup du mie de, mien Seuten!
Bums, veertid Mark weern fleuten – – –

De dritte Stand keem an de Reeg
dor schree se all vun wieden
och Hans, hier dat Pottmonai
dat mach's bestimmt du lieden
Dat paßt in Farv good to min Tasch
los, Hans, los keup mi dat rasch!!!
Krichst ock vun mie een Seuten
Un wedder tein Mark fleuten

Nu keem wie to denn Kleederstand
dor nimmt mi doch de Schlaue
ganz sutje bi min Männerhand
un see: Dat Kleed dat blaue,
dat ick dor up den Beugel see,
dat paßt to Tasch un Pottmonai
ganz wunnerbor mien Seuten
Noch tweihundert Eier fleuten – – –

Nu fehlt blots noch een nieen Hoot
fung se an mi to neppen
De gröne Hoot, de paßt nich good
ick mut een blauen heppen
un een twee dree, dor har mien Popp
een blaue Strohhoot op de Kopp
ick kreig noch gau mien Seuten
un twinti Mark weern fleuten – – –

Un ganz lies un schüchtern frog Hans eer,
kuum tru he sick to spreeken,
wie dat nu wär mit sienen Antog?
Dien Antog? frach mien Anke
dien Antog is noch gor nich schlecht
denn flick ick di noch wedder trecht
denk an die schlechten Zeiten
un so güng sien Antog fleuten – + +

Je größer das Konfekt, desto größer die Konfektions-Größe.

Herrenloblied

Als Gott die schöne Erdenwelt geschaffen
mit Seen und Bergen – hielt er sinnend an;
sie schien ihm viel zu schön für Mensch und Affen,
und gut gelaunt schuf er den ersten Mann.
Gab ihm Verstand, gab Augen ihm zu schauen,
gab ihm ein Herz voll Sehnsucht nach den Frauen.
Nun sei vergnügt mein Sohn,
ich teil Dir zu das ganze Paradies, es werde Dein! –
Doch Adam packte bald die Langeweile –
er fühlte sich so einsam und alleine.
Drum sprach er: Herr, schaffe doch sowas wie meinesgleichen,
es darf jedoch nicht ganz an meine Hoheit reichen.
Es sei, sprach drauf der Herr,
so schlummre denn noch ein wenig ein.
Als Adam bald darauf nach kurzem Schlaf erwachte,
stand Eva schelmisch neben ihm und lachte,
und somit hab ich recht, wenn ich erkläre,
dem Manne nur verdanken wir des Daseins Pracht.
Hätt' er sich nicht gelangweilt dann auf Ehre,
wär unser bei der Schöpfung kaum gedacht.
Wir wären Staub nur, ungeboren,
und ach, o Welt, was wäre dir verloren!
Der Mann ist's, der uns zarten Wesen soll gebieten,
uns ziemt Gehorsam nur,
so steht es in der Bibel schon geschrieben,
so will es Vorschrift, Sitte und Natur,
und pochend auf dies Recht befiehlt der Mann
uns armen Frauen – das heißt: soviel er kann …

So hebt das Glas den Männern aller Zonen,
ob sie in Frankreich, Spanien, Portugal,
ob sie in Rußland oder Deutschland wohnen,
ist ihre Heimat nur der Erdenball.
Zuerst jedoch, Ihr werdet Recht mir geben,
erhebt das Glas und laßt hier unsere Herren leben!!!

Gott schuf die Welt vor alten Zeiten,
zuletzt vom Mann ein Exemplar,
dies schien nun freilich anzudeuten,
daß er schon etwas müde war,
denn als er sich sein Werk betrachtet,
da fehlte dies, da fehlte das
und von dem ganzen Manne taugte
nur eine einz'ge Rippe was.
Auch diese ward ihm noch genommen
und eine Frau daraus gemacht.
So sind wir später zwar gekommen,
jedoch geschaffen mit Bedacht
und zu der Frauen gerechtem Lobe
erkennt man auf den ersten Blick,
der Mann ist nur ein Werk der Probe,
doch wir, *wir* sind das Meisterstück!!!

Anklage:

Der Angeklagte, Name des Bräutigams, hat der unbescholtenen Jungfrau, Name der Braut, den Kopf verdreht (schwere Körperverletzung § 224). Zusätzlich hat er ihre Ruhe gestört (Ruhestörung § 1), ihr Herz entflammt (Brandstiftung § 308 Abs. I) und ihren Frieden geraubt (Diebstahl § 249 Abs. I). Außerdem hat er ihr tiefe Seufzer abgepreßt (Erpressung § 253), sie genötigt, ihm zu folgen (Nötigung § 240) und schließlich der Mutter des Opfers die geheimen Triebe verhehlt (Hehlerei § 259), besonders schweres Vergehen.

In Anbetracht dieser schweren Straftaten ist der Angeklagte mitsamt seines Opfers, das, wie sich herausgestellt hat, seine Anstifterin war, festgenommen und öffentlich aufgehängt worden – im Schaukasten des zuständigen Standesamtes. Beide haben wiederholt gemeinschaftlich unter einer Decke gesteckt. So etwas kann Folgen haben.

Als weiteres Strafmaß wird vorgeschlagen, sie aneinander zu fesseln und sie zu lebenslänglichem Freiheitsentzug in die staatliche Haftanstalt Ehe einzuweisen.

Lutz Ackermann

Gerichtsverhandlung

Schreiber:	antwortet immer mit „gesiegelt und gestempelt"
Angeklagter:	antwortet immer mit „ja"
Klägerin:	antwortet immer mit „nein"
Zeuge:	antwortet immer mit „ich kann mich an nichts mehr erinnern"
Verteidiger:	antwortet immer mit „das habe ich gemacht"
Richter:	Ich eröffne die Verhandlung
Angeklagter:	Sie heißen Hahntritt, sind der einzige Sohn und in Lampertshausen geboren?
	Sind Vater von 8 Kindern?
	Waren Sie mit der Klägerin näher bekannt?
	Hatten Sie intime Verhältnisse mit der Klägerin?
	Sie haben jetzt ein Kind mit der Klägerin?
	und vor 4 Jahren schon Drillinge?
Klägerin:	Stimmt das?
	Was, Sie kennen den Herrn nicht?
	Sie haben keine intimen Beziehungen miteinander gehabt?
	Sind Sie mit dem Zeugen verschwägert oder näher bekannt?
Zeuge:	Sie sind Herr Möchtegern?
	Sie sind vor 65 Jahren in Mosbach geboren?
	Wie heißen Ihre Eltern?
	Nun zur Sache! Sie haben doch eine Nachtparty miterlebt.
	Können Sie mir sagen wie es da zugegangen ist?
	Wann waren Sie das letzte Mal nüchtern?
	Schildern Sie mir bitte Ihre Vergangenheit!
Schreiber:	Haben Sie alles notiert?
	Das zusammengetragene Material ist doch noch unter Verschluß?
Verteidiger:	Wer hat die Untersuchung eingeleitet?
	Wer hat die Aussprache durchgeführt?
	Sie meinen, die Wahrheit herausbekommen zu haben und alles überprüft?
Angeklagter:	Sie waren doch bei der Party zugegen?
	Sie hatten nichts weiter an als eine Schleife im Haar und ein paar Socken?

74

Klägerin:	Sind Sie keusch?
	Sie trugen nicht mehr als die Hauspantoffeln auf dieser Party?
	Tragen Sie sonst mehr Kleidungsstücke zu solchen festlichen Anlässen?
	Können Sie uns das heute vorführen?
Zeuge:	Und Sie trugen nur gewelltes lockiges Haar?
	Als Sie 24 Biere, 32 Schnäpse und 12 Glas Wein getrunken hatten, was bemerkten Sie dann?
Angeklagter:	Sie trugen einen Bauchtanz auf dem Tisch vor? Sind Sie sehr gelenkig – üben Sie zu Hause immer?
	Waren Ihre Eltern von dieser Kunst entzückt?
	War oder ist die Klägerin rassig und sehr feurig?
Verteidiger:	Haben Sie sich so eine Notiz gemacht?
	Haben Sie schon einen Schlußstrich gezogen?
	Sie waren doch dienstlich am gleichen Abend dort?
	Haben Sie sich ein wenig das Treiben angesehen?
	Wer berührte nun die Klägerin so unsittlich?
	Und wer veranlaßte, daß die restlichen Kleidungsstücke abgelegt wurden und als Zimmerdekoration Verwendung fanden?
Schreiber:	Sie hatten doch die Aufgabe, das Fest zu beobachten?
	Was hat der Angeklagte mit der Klägerin in der Speisekammer getan?
	Was taten Sie dann mit der Köchin im Hausflur?
	Aber Sie sollten doch nach dem Hemd des Kindes sehen, wie sah denn das aus?
Verteidiger:	Wer ließ die Gäste eine Polonaise auf der Straße unter den Laternen unbekleidet tanzen?
	Und wer hat die schmutzigen Witze erzählt?
Klägerin:	Sie sagten, Sie hätten keine Kinder?
	Kein Verhältnis mit je einem Herrn gehabt?
	Dann sind Sie also noch Jungfrau?
Angeklagter:	Haben Sie jemanden mit der Klägerin verkehren sehen?
	Haben Sie Nebenbuhler?
	Sind diese hier im Saal?
Zeuge:	Sie hatten doch ein Liebesverhältnis mit der Klägerin?
	Tun Sie das des öfteren, weiß das Ihre Frau?
	Wann hatten Sie das letzte Erlebnis mit Ihrer Frau?

Schreiber:	Sie haben doch vorhin etwas bemerkt?
	Was taten die Klägerin und der Rechtsanwalt in der Kanzlei?
	Da hat also der Herr Verteidiger die Klägerin …?
Verteidiger:	Stimmt das?
	Wer ist nun der Vater der Drillinge?
	Und wer hat die Köchin in den Hintern gebissen?
	Und wer hat die ganze Schweinerei gedeckt?
	Danke, das genügt.
	Damit ist die Beweisaufnahme des Gerichts abgeschlossen und ich komme zur Urteilsverkündung:
	(Alles erhebt sich von den Plätzen)

Das Gericht hat beschlossen, folgendes Urteil zu erteilen: Der Angeklagte wird freigesprochen, muß aber seiner Gattin ewige Treue schwören und daß das nur noch einmal passiert.

Der Zeuge zahlt eine Runde Eierlikör für die Damen und versucht sich seiner Frau zu erinnern.

Der Schreiber zahlt eine Runde Weinbrand für die Herren, so wie gesiegelt und gestempelt wurde.

Der Verteidiger wird als schuldig befunden.

Er zahlt die Gerichtskosten, je Kind monatlich 9 Packungen Pampers sowie 90 Lutscher und für uns alle eine Lokalrunde.

Damit ist die Verhandlung geschlossen!

Schirmherrschaft!

Melodie: … als Bolle reist zu Pfingsten …

1. Wir grüßen Euch Ihr Gäste, hört uns ein wenig zu,
   wir gratulieren auf's Beste und bringen noch dazu,
   dem … und der … 'nen schönen Regenschirm
   und wollen uns als Gäste ganz köstlich amüsiern
   und wollen uns …

2. Der .. nahm bei zeiten sich eine fesche Frau,
   die …, die war seine, denn … der war schlau
   und falls es dann mal draußen auch etwas kälter wird
   dann werden sich die beiden ganz köstlich amüsieren
   dann werden sich …

3. Den Regenschirm, den wir Euch heute mitgebracht,
   ist als Symbol der Liebe im Ehestand gedacht,
   denn mit dem Schirm der Liebe die Ehe harmoniert,
   auch wenn das Wetter trübe, man davon profitiert,
   auch wenn das …

4. Der Schirm in Eurer Ehe soll halten manches Jahr.
   Er ist ganz fest und zähe und schützt Euch gut fürwahr
   Er hält in Eurem Leben auch manchen Sturmwind ab.
   Es ist ein Glück und Segen, wenn man so'n Schirmchen hat
   Es ist ein Glück …

5. Jetzt wollen wir beschließen, hier unsern Rundgesang
   zur Einladung wir sagen Euch allerbesten Dank.
   Wir haben nun das Schirmchen von innen ausstaffiert
   und hoffen, daß Ihr beide Euch damit amüsiert
   und hoffen, daß …

(Schirm mit vielen lustigen und brauchbaren Sachen schmücken)

Der Richter und der Angeklagte

(Musikbegleitung dazu wäre nicht schlecht)

Richter: Bitte, Ruhe im Gerichtssaal! Angeklagter, Sie sind angeklagt, einen Mädchenraub begangen zu haben. Antworten Sie wahrheitsgemäß. Zuerst möchte ich Auskunft über Ihre Person. Wie heißen Sie?

Angeklagter: Hein spielt abends so gern auf dem Schifferklavier.

Richter: Wie alt sind Sie?

Angeklagter: Ich möchte nochmal 20 sein.

Richter: Wo sind Sie geboren?

Angeklagter: Auf der Reeperbahn nachts um halb eins.

Richter: Was sind Sie von Beruf?

Angeklagter: Ein Jäger aus Kurpfalz.

Richter: Berichten Sie mir jetzt über den Verlauf der strafbaren Handlung. Wo haben Sie das Mädchen getroffen?

Angeklagter: Im Wald und auf der Heide.

Richter: Wie haben Sie das Mädchen in den Wald gelockt?

Angeklagter: Mädel, ruck, ruck, ruck an meine grüne Seite.

Richter: Machen Sie sich keine Vorwürfe, das Mädchen überfallen zu haben?

Angeklagter: Das kann doch einen Seemann nicht erschüttern.

Richter: Wie hieß das Mädchen?

Angeklagter: Auf der Heide blüht ein kleines Blümelein, und das heißt: Erika.

Richter: Können Sie irgendwelche Zeugen aufweisen?

Angeklagter: Amsel, Drossel, Fink und Star.

Richter: Waren das die einzigen Zeugen?

Angeklagter: Ein Männlein steht im Walde.

Richter: Was sagten Sie zuerst zu dem Mädchen?

Angeklagter: Du, Du liegst mir am Herzen.

Richter: So, so! In welchem Verhältnis stehen Sie zu dem Mädchen?

Angeklagter: Wir gehören zusammen, wie der Wind und das Meer.

Richter: Im nächsten Jahr – meinen Sie – wären Sie aus dem Gefängnis heraus. Sie sind auch noch angeklagt wegen Herumtreiberei. Wie denken Sie darüber?

Angeklagter: Es geht alles vorüber, es geht alles vorbei.

78

Richter: Ich sehe, mit Ihnen hat es doch keinen Zweck. Es ist das Be-
                   ste, ich lasse Sie wieder laufen.
Angeklagter: Auf Wiederseh'n, auf Wiederseh'n, bleib nicht so lange fort.

Zum Hochzeitstag!

Vor 35 Jahren wagtest Du mit mir den Weg durchs Leben!
– und ich danke Dir,
daß Du in guten wie in bösen Tagen
Not, Freud und Leid, die Zeit – und mich ertragen!
Der Hergott schuf nicht einen wie den andern –
ein jeder muß nach seinem Kompaß wandern!
Doch wollen wir weiter laufen als ein gutes Gespann,
uns lieb vertrauend stets als Frau und Mann!
Danke Dir, …, für 35 Jahre mit Dir.

Dein Jahrgang ist besonders gut!
So spritzig und voll Lebensmut.
Das er nicht umschlägt will ich hoffen!
Prost, Burtsdag! Mensch, bin ich besoffen!

60 Jahre frisch und froh,
…, mach' nur weiter soo!

Man kann niemanden überholen,
in dessen Fußstapfen man tritt.

Die Kunst hat es schwer,
doch der Mist kommt immer an!

Etwas über „Wat und Dat"

Wenn Ihr mich fragt, „wat" unser aller Weltwort ist, dann sag ich „wat und dat". Dieses Wort kann man für alles gebrauchen.

Wißt Ihr überhaupt, wat „wat und dat" ist?

„Wat", ja – dat ist einfach „wat". Und aus „wat" kann man halt „wat" machen.

Wenn ein junger Bursche heiraten will, dann muß er sich „wat" suchen; ein Mädchen, „dat" „wat" hat, „wat" kann und „wat" vorstellt und „wat" mitbringt.

Und wenn er so „wat" endlich gefunden hat, dann hat er ganz bestimmt „wat" – „wat" für's Herz, „wat" für's Gemüt und „wat" für's ganze Leben.

Und dann wird Hochzeit gefeiert. Die darf natürlich „wat" kosten, damit man sieht, „dat" „wat" da ist. Denn Ihr wißt ja, wo „wat" ist, da kommt gewöhnlich noch „wat" dazu.

Dann geht man auf Hochzeitsreise – die kostet „wat". Aber da sieht man „wat" und erlebt „wat", da kann man auch „wat" kaufen und „wat" mit nach Hause bringen.

Und die Zeit geht weiter. Man schafft „wat", man tut „wat", man erlebt „wat" und auf einmal erwartet man „wat".

Die Nachbarschaft hat natürlich schon lange „wat" gemerkt; die sagen schon seit Wochen, wir glauben, die kriegen bald „wat".

Und dann kriegen sie wirklich „wat" und dann haben sie „wat".

Wenn dann „dat" Kind im Bettchen schreit, dann fehlt ihm bestimmt „wat", meistens „wat" zu essen. Wenn es aber weiter schreit, dann fehlt ihm bestimmt „wat" anderes. Vielleicht hat et auch nur „wat" gemacht.

Später kommt „dat" Kind in die Schule – damit et auch „wat" lernt und „wat" wird. Und wenn der Lehrer fragt und es „wat" nicht weiß oder „wat" falsch macht, dann kriegt es vielleicht „wat" auf die Finger oder „wat" hinten drauf. Und wenn et dann aus der Schule kommt, muß et noch „wat" weiter lernen, damit et „wat" kann und „wat" verdient und „wat" ist.

Damit es dann später als alter Mensch „wat" zum Beißen und „wat" zum Nagen hat, eben „wat" für's Alter.

„Dat" alles ist „wat" über „wat" und „dat"!!!

Die Litanei!

Liebes Geburtstagskind,
Anverwandte, Festteilnehmer, Bekannte und Freunde.
Glückwunsch, einen schönen Gruß,
bringt Freund *Saufenius*.
Wir stehn hier in einer Reih',
wollen beten die große Litanei,
denn in 50 langen Jahren
kann einem so manches widerfahren.
Einiges haben wir zu Papier gebracht,
wenn ihr es hören wollt, dann gebt acht.

Freund
Geburtstagskind,
sein Name ist ...,
sein Reichtum komme,
sein Wille geschehe zu Hause,
sein Wille geschehe auf „der Post" (Beruf) und jetzt im Saal.

Endlich ist gekommen der Tag,
worauf du schon lange gewartet hast,
immer schon sorgend für dieses Fest.

Alle: Unser Geburtstagskind soll leben in Ewigkeit!

Freund:	Alle:
Liebes Geburtstagskind!	Wir grüßen dich.
Vater von zwei Kindern!	Wir grüßen dich.
Ruhmreiche Abstammung der großen	
(Name des Jubilars)	Wir grüßen dich.
Vorbild der Arbeitsfreudigkeit!	Wir grüßen dich.
Süßes Schleckermäulchen!	Wir grüßen dich.
Glühender Ofen der Liebe!	Wir grüßen dich.
Stiller Genießer!	Wir grüßen dich.
Fleißiger Radfahrer!	Wir grüßen dich.
Treuer Doppelkopfspieler!	Wir grüßen dich.
Vom Fernweh getriebener!	Wir grüßen dich.
Müder Spaziergänger!	Wir grüßen dich.

81

Freund:	*Alle:*
Gastgeber vieler schöner Fest.	Das ist er.
Ein treuer Ehemann.	Das ist er.
Ein treusorgender Vater.	Das ist er.
Ein verständnisvoller Schwiegervater.	Das ist er.
Ursacher von unserem heutigen Frohsinn.	Das ist er.
Mittelpunkt von diesem Fest.	Das ist er.
Daß er seiner (Name der Frau) treu bleibt.	Das hoffen wir.
Daß wir noch oft zusammenkommen.	Das hoffen wir.
Daß wir noch oft einen heben dürfen.	Das hoffen wir.
Daß (Name) vom Schlafe auferwacht.	Das hoffen wir.
Daß wir miteinander die 60 feiern dürfen.	Das hoffen wir.

Freund   *Alle:*

Steh (Name des Jubilars) bei,	
wenn er das Fest bezahlen muß.	Wir bitten dich, erhöre uns.
Steh (Name) bei,	
wenn sie ab morgen sparen muß.	Wir bitten dich, erhöre uns.
Steh uns bei, wenn wir nach Hause fahren.	Wir bitten dich, erhöre uns.
Steh (Name der Jubilare) bei,	
wenn ihm Wut überkommt!	Wir bitten dich, erhöre uns.
Steh uns bei,	
wenn wir morgen einen Kater haben!	Wir bitten dich, erhöre uns.

Freund   *Alle:*

Daß wir heute deinen Geburtstag feiern dürfen,	Wir danken dir,
daß du (Name der Frau) nie geschlagen hast,	Wir danken dir,
daß du alles so brav und tapfer erträgst,	Wir danken dir,
Ein gemeinsames Schlafzimmer,	Hat er,
gute Anverwandte,	Hat er,
gute Nachbarn und Freunde,	Hat er,
gute Doppelkopfbrüder,	Hat er,
gute Thekenbrüder,	Hat er,
guten Schnaps für alle,	Hat er,
öfteren Besuch von allen,	Hat er.

Lieber, (Name des Jubilars)
daß du so gespart hast,   Wir danken dir,
daß du uns alle eingeladen hast,   Wir danken dir,
daß Christel, Thomas und Karin
bei dir nicht verhungert sind,   Wir danken dir,
daß wir heute alle so richtig satt werden.   Wir danken dir.
daß wir heute keinen Durst leiden brauchen.   Wir danken dir,

Liebe Christel,
daß du den (Name des Jubilars) so gut
gepflegt hast,   Wir danken dir,
daß du ihn jeden Morgen zur Arbeit schickst,   Wir danken dir,
daß du ihn nicht rosten läßt,   Wir danken dir,
daß du ihn nach jeder Ferntour wieder
aufnimmst.   Wir danken dir.

Freund und Alle:
Wir wünschen aufrichtig / daß du noch lange gesund bleibst und noch viele
glückliche Jahre erleben wirst. / Wir hoffen, daß dieses Fest wie eine frohe
Erinnerung fortbestehen bleibt / und daß wir noch viele Jahre daran denken werden.

Was unsere Väter taten, das war ein schöner Brauch,
Sie tranken Bier und Wein, das machen wir jetzt auch.

Tafellied für viele Feste

Melodie: „Eine Seefahrt die ist lustig"

Silberhochzeit, die ist lustig
Silberhochzeit, die ist schön,
ja da kann man die Verwandten
mal auf einem Haufen seh'n.   Hollahi, Hollaho, …

Teils aus Norden, teils aus Süden,
kamen sie hier angehetzt.
Jeder wirft sich schick in Schale,
lächelt froh, ist nicht vergrätzt.   Hollahi …

Wenn das Essen gut und reichlich
auch der Kuchen nicht zu knapp.
Jeder wirft mal für zwei Tage
seinen Schlankheitsfimmel ab.   Hollahi …

Und wenn Reden es begleiten,
rutscht das Essen munter fort.
Guter Wein macht frei die Zunge,
jeder führt das große Wort.   Hollahi …

Jeder soll heut' lustig tanzen –
ja, so gut er eben kann.
Wenn die neuen Schuhe drücken,
zieht man sich die alten an.   Hollahi …

Heute woll'n wir tüchtig prosten,
nur nicht schüchtern und geniert;
denn die Blumen und Geschenke
müssen sich doch auch rentier'n!   Hollahi …

Darum soll dies Lied auch schweigen,
wie des Sängers Höflichkeit.
Leert das Glas jetzt bis zum Neigen,
unsern Beiden sei's geweiht.   Hollahi …

Dem Silberpaare

(Melodie: „Wohlauf, die Luft geht frisch und rein ...")

Wir grüßen heut' das Silberpaar
in dieser Feierstunde
und bringen unsern Glückwunsch dar
mit froh bewegtem Munde.
Wer fünfundzwanzig Jahre lang
solch Ehejoch getragen,
des wird, drum ist uns gar nicht bang',
auch ferner nicht verzagen.

Zumal die Beiden, die wir heut'
im Silberglanze sehen
und die wie rechte Eheleut'
noch heut' zusammen stehen.
Sie halten Treue immerdar,
solch Ehebund ist selten
und könnte manchem jungen Paar
als leuchtend Vorbild gelten.

Wir wünschen ihnen beiden heut'
viel Freude noch im Leben;
daß Glück und auch Zufriedenheit
mög' stets das Schicksal geben,
und daß nach fünfundzwanzig Jahr
der Kranz mög' golden scheinen
und wir uns dann ums Jubelpaar
beim Festesschmaus vereinen.

Das Lied ist aus, der Durst ist groß;
ein Trunk wird uns jetzt frommen,
und dieser ist wohl zweifellos
auch jedem hoch willkommen.
Wohlan, so stillt des Durstes Drang
wir wollen uns erheben, –
stoßt an und ruft mit hellem Klang:

Das *Silberpaar* soll leben!!!

Der Pillenbaum!

Als Ehepaar seid 25 Jahr' Ihr heut' auf dieser Welt,
drum wünschen wir Euch Glück, Gesundheit und viel Geld.
Es ist so Usus und ein schöner Brauch,
es kommen Gäste und wir auch.
Als Mitbringsel haben wir an etwas „Nützliches" gedacht
und Euch ein Pillen-Sträußchen mitgebracht.

Ihr seid ja schon recht lang' auf Erden,
habt sicher auch schon allerlei Beschwerden.
Dieser Strauß — seht ihn Euch an —
ist von der tücht'gen Frau Dr. Kohlemann.

Pillen nimmt fast jeder, ob Mann ob Frau!
Warum? Man weiß es nicht genau!
Man hört so viel vom Pillenknick,
von freier Liebe, Wohlstandsglück.

Dem Manne geben sie die Kraft,
wenn er es nicht mehr richtig schafft.
Den Frauen sind sie zu empfehlen
gegen unerwünschten Kindersegen.

Also ... immer, wenn Euch quält der Magen,
nehmt die — Grünen — mit Behagen!
Rosarote Pillen an dem Strauch,
die sind gut für Euern Bauch.

Quälen manchmal Euch die Winde,
nehmt die — Braunen — vom Gebinde!
Geht diskret und still beiseite!
Dann suchen sie bestimmt das Weite.

Drückt Euch das Wasser in der Blase,
seid Ihr verschnupft, es läuft die Nase,
nehmt doch zwei der — Blauen — Pillen,
die werden sicher jeden Auslauf stillen.

Stimmt's mal mit dem Blutdruck nicht,
so macht kein ängstliches Gesicht!
Die – Roten – Pillen, seht mal her,
die sind besonders gut dafür.

Die Pillen von der – Gelben – Sorte
nehmt erst an einem stillen Orte!
Dann schnell entlaßt Ihr Eure Sorgen
nach rückwärts – – – schon am frühen Morgen.

Orange – und – lila sind fürs Herz,
für kalte Füße, jeden Schmerz, –
für Haarausfall und Mundgeruch
sie auch zu nehmen – Grund genug.

Nehmt diese Pillen jetzt und täglich!
Für euch sind sie stets gut verträglich.
Ihr werdet's glauben kaum, doch ist es wahr,
sie schmecken auch noch wunderbar!!!

Zu diesem Gedicht binde ich mir entweder einen Strauß aus Buchsbaum
und Statizie, oder nur einen schön gewachsenen Zweig (zur Silbernen
Hochzeit sprühe ich den mit Silberbronze an), binde bunte Smarties in
Klarsichtfolie mit farblich passendem Kräuselband und hänge sie an den
Zweig oder binde sie mit in den Strauß.

Gott gebe uns die Gelassenheit
Dinge hinzunehmen
Die wir nicht ändern können.
Den Mut, Dinge zu ändern
Die wir ändern können.
Und die Weisheit
Das Eine vom Anderen zu unterscheiden.

Zur Silberhochzeit

Melodie: „Gold und Silber"

Gold und Silber lieben sehr
groß und kleine Leute.
Unser Jubelpaar denkt nicht mehr
an vergangne Zeiten.
War es auch nicht immer leicht
in den langen Jahren,
ist nun doch das Ziel erreicht,
Freude zu bewahren.

… und … sind das Paar,
die hier heute glänzen,
Lieb und Freud ihr Leben war
und sich stets ergänzten.
Gold und Silber nicht allein,
kann das Herz beglücken,
denn das Äuß're ist nur Schein
und kann schnell entrücken.

Aber jeder junge Tag
ist des Glückes Zeichen,
Euch Gesundheit geben mag,
Freude ohnegleichen.
Daß vor Freud der ganze Saal
möge froh erschallen,
pustet Eure Tüten auf
und laßt laut sie knallen.

(Diese Verse klebt man auf eine Brötchentüte und verteilt sie an die Gäste).

Zur Goldenen Hochzeit!

Melodie: „Gold und Silber lieb ich sehr …“

Goldene Hochzeit lieben sehr
groß’ und kleine Leute.
Unser Jubelpaar denkt mehr
an vergang’ne Zeiten.
War es auch nicht immer leicht
in den langen Jahren;
ist das Ziel nun doch erreicht,
Freude zu bewahren!

Goldene Hochzeit nicht allein
kann das Herz beglücken;
denn das Äuß’re ist nur Schein
und kann schnell entrücken.
Aber jeder neue Tag
ist von Gott ein Zeichen;
Euch Gesundheit geben mag,
Freude ohnegleichen!

… und … sind das Paar,
die hier heute glänzen;
Freud’ und Leid ihr Leben war,
sie sich stets ergänzen.
War es auch nicht immer leicht
im Leben sich bewähren,
hat es sich jedoch gelohnt,
woll’n sich nicht beschweren.

Nehmt das Lichtlein nun zur Hand
und dann laßt es wandern,
zu dem Goldenpaare hin,
wo es mit den andern,
bildet einen Lichterkranz
mit viel Glanz und Wärme.
… und … wünschen wir
noch viel’ frohe Jahre!   (… Name einsetzen)

Zur goldenen Hochzeit

Fünfzig wechselvolle Jahre
sitzt Ihr nun in einem Boot,
fünfzig kunterbunte Jahre
teiltet treu Ihr Glück und Not.

Jahre sind im Nu verflogen,
rasend schnell verging die Zeit,
brachte Sonnenschein und Regen
und bescherte Freud' und Leid.

Mög' das Schicksal Euch in Zukunft
recht geneigt und gnädig sein,
mög' es bringen wenig Stürme
aber recht viel Sonnenschein.

Wollen wünschen Euch viel Gutes
und Gesundheit alle Zeit,
daß in Eurem Hause wohne
Glück und Zufriedenheit.

Das wünscht Euch von ganzem Herzen ...

Allzeit fröhlich ist gefährlich,
allzeit traurig ist beschwerlich,
allzeit glücklich ist betrüglich,
eins ums andere ist vergnüglich.

Das Drehlied

Melodie: „Oh, Tannenbaum"

Fangt langsam an, fangt langsam an
und drehet ruhig alle Mann!
Und wenn's zunächst auch komisch scheint,
wir sind im Drehen heut vereint
Fangt langsam an ...
und drehet ruhig alle Mann.

Laßt schneller gehn ...
dann kann man schon die Absicht sehn.
Und stehn uns alle kräftig bei,
dann gibt's 'ne tolle Dreherei.
Laßt schneller gehn ...
dann kann man schon die Absicht sehn.

Im 3. Gang ...
da wird's ein rechter Rundgesang
Und wenn auch manche Schöne spricht:
„Nein, weiter dreh' ich heute nicht."
Im 3. Gang ...
da wird's ein rechter Rundgesang.

Im 4. jetzt ...
schon sind wir alle abgehetzt.
Und jede Rücksicht hört nun auf.
Das Drehn nimmt fröhlich seinen Lauf.
Im 4. jetzt ...
schon sind wir alle abgehetzt.

Gebt keine Ruh ...
wir drehen weiter immerzu.
Und steigt uns schon zu Kopf das Blut,
den lahmen Sinnen tut das gut.
Gebt keine Ruh ...
wir drehen weiter immer zu.

Wer weiter dreht ...
zum Schluße als ein Sieger steht.
Und wer da sagt, 's sei eine Qual,
der merk' sich ein für allemal.
Wer weiter dreht ...
zum Schluße als ein Sieger steht.

Dreht mit Humor, ...
noch singen wir im ganzen Chor.
Und alle drehen wir das Blatt,
ist auch die Hand schon lange matt
Dreht mit Humor ...
noch singen wir im ganzen Chor.

Wir sind am Schluß, ...
weil alles einmal enden muß.
Und hört das Drehen jetzt auch auf,
die Fröhlichkeit nimmt ihren Lauf.
Wir sind am Schluß ...
weil alles einmal enden muß.

Melodie: „Tannenbaum"

Fangt langsam an, fangt langsam an u. drehet ruhig alle Mann! Und wenn's zunächst auch komisch scheint, wir sind im Drehen heut vereint. Und seht uns alle kräftig bei, dann gibt's 'ne tolle Dreherei. Laßt schneller gehn. Im 3. Gang.... da wird's ein rechter Rundgesang. Im 4. jetzt.... dann kann man schon die abgehetzt. Und jede Rücksicht hört nun auf. Das Blut den lahmen Sinnen tut das gut. Und siegt uns schon zu Kopf das Blut, der merkt sich auch die Sache gut, ist auch die Sinne allemal. Wer weiter dreht. Zum Schlusse als ein Sieger steht. Und alle drehen wir das Blatt, ist auch der Mond schon lange matt. Drehn weiter dreht. Der weiter dreht. Zum Schlusse als ein Sieger steht. Und hört das auch allemal. Der weiter dreht. Gebt keine Ruh. Drehn nimmt einmal seinen Lauf. Wir drehen jetzt auf die Fröhlichkeit, weil alles einmal enden muss... weil alles am Schluss. Wir sind am Schluss. Drehn mit Humor noch singen wir im ganzen Chor. Wir sind am Schluss. Und wer da sagt 6 sei eine Qual, der mag das auch allemal. Schon sind wir alle abgehetzt. Und jede Rücksicht sehn, wir sind im Drehen heut vereint. Im 3. Gang da wird's ein rechter Rundgesang. Und wenn man auch mal mache gehn. Laßt schneller gehn. Im 4. jetzt. Und sehn uns heute nicht. „Nein weiter dreh' ich heut ich nicht." schon sind wir alle abgehetzt. Wer weiter dreht immerzu. „Nein weiter dreht", dann kann man schon die Absicht sehn.

.... u. drehet ruhig alle Mann! Fangt langsam an, fangt langsam an....

Der verheiratete Selbstversorger

Meine Frau war verreist mitsamt den Gören, da mußte ich mich sechs Tage lang selbst ernähren. Nun war ich endlich mal Herr im Haus! Mein Tagebuch sah wie folgt also aus:

Montag
Ich dachte, zu Beginn mach ich 'ne einfache Chose,
vielleicht Bratkartoffeln mit Zwiebelsoße.
Jedoch das Schälen war mir verhaßt,
ich war Großverbraucher nun von Leukoplast.
Bis ich sagte: Mensch, sei doch helle
und iß die Kartoffel gleich mit der Pelle!
Bei Zwiebel braucht man sich nicht so zu quälen,
man muß sie nur unter dem Wasser schälen.
So las ich, bin schnell in die Wanne gesunken
und wär mit den Zwiebeln beinahe ertrunken.
Bei Soßen, da soll man vor anderen Sachen,
laut Kochbuch zuerst eine Mehlschwitze machen.
Drum nahm ich schnell ein Kilo Mehl in die Hand
und bin damit sechsmal ums Haus gerannt.
Dann mußte erschöpft ich mich gleich niederhocken,
hab' geschwitzt wie ein Affe, doch das Mehl blieb trocken.
Am Abend bin ich zum Schrank dann gerannt
und aß trockene Haferflocken aus meiner Hand.
Lag verzeifelt im Bett und dachte voll Sorgen:
„Junge, Junge, was koch' ich denn morgen?"

Dienstag
Zwei Köpfe Salat hab' ich nach Hause gebracht,
einen davon hab' ich gleich fertiggemacht,
hab' auch noch eine dicke Schnecke entfernt
und die äußeren Blätter — gelernt ist gelernt!
Doch als ich dann kaute, da knirschte der Sand,
als ging ich spazieren am Ostseestrand.
Im Kochbuch las ich: Salat muß man waschen.
Als Saubermann bin ich ja keiner der Laschen.
Ja, und gleich hat die Sache prima gefluppt.

Ich hab jedes Blatt dann mit Seife geschrubbt.
Aber irgendwie war das auch nicht gesund,
denn beim Essen stand mir der Schaum vor dem Mund.
Da knallte ich wütend den Salat an die Wand
und aß trockene Haferflocken aus meiner Hand,
lag schäumend im Bett und dachte voll Sorgen:
„Junge, Junge; was koche ich denn morgen?"

Mittwoch
Heut, so dachte ich, da mußt du versuchen
zu backen den prima Pfannekuchen.
Das Mehl zu mengen, das war nicht schwer,
aber dann kam schließlich das große Malheur!
Denn es kommt ja darauf an, mit geschickten Händen
den Pfannkuchen mit 'nem Salto in der Luft zu wenden
und ihn dann vor allen Dingen
wieder heil und ganz in die Pfanne zu bringen.
Zunächst war er ganz lieblich anzuschaun,
er war oben hell und unten schön braun.
Ich nahm die Pfanne — welch lieblicher Duft —
und warf den Pfannkuchen ganz hoch in die Luft.
Aber er ist leider nicht wieder runtergekommen,
er hat auf den Kühlschrank Platz genommen.
Beim zweiten dacht ich: Jetzt kommt es drauf an.
Zeig wer du bist und sei mal ein Mann!
Ich warf ihn fix hoch — und dann kam die Blamage,
denn er fiel mir von oben genau auf die Nase.
Den Schmerz hab ich stundenlang deutlich gefühlt
und mit Salatöl mein Gesicht schnell gekühlt.
Am Abend bin ich zum Schrank dann gerannt
und aß trockene Haferflocken aus meiner Hand,
lag stöhnend im Bett und dachte voll Sorgen:
„Junge, Junge, was koch' ich denn morgen?"

Donnerstag

Heut morgen studier' ich das Kochbuch ganz fleißig
und las dabei auf Seite fünfunddreißig:
Der Apfel im Schlafrock, bekömmlich und fein.
Ei, dachte ich, das dürfte das Richtige sein.
Ich habe dann hurtig den Teig neu gemacht
und vor Freude so still vor mich hingelacht.
So ist es, wenn man was Schönes mal denkt,
ich habe einen Apfel in den Teig gemengt.
Dann schob ich ihn in den Ofen hinein
und schlief vor Erschöpfung gleich daraufhin ein.
Abends der Mond schien so hell in die Kammer
dacht' ich an den Apfel im Pyjama voll Jammer.
Ich holt ihn raus und dachte: Mensch Alter,
der steckt ja in 'ner Rüstung vom Mittelalter.
Was sollte ich machen, es wurd' immer bunter.
Ich kriegte den Apfel im Schlafrock nicht runter.
Da bin ich zum Schrank noch einmal gerannt
und aß trockene Haferflocken aus meiner Hand.
Lag hungrig im Bett und dachte voll Sorgen:
„Junge, Junge; was koch' ich denn morgen?"

Freitag

Freitag gibt's Fisch, so will es die Sitte.
Drum lenkte zur Fischhandlung ich meine Schritte.
Zwei Bücklinge hab' ich nach Haus' gebracht,
sie ausgenommen und eingemacht.
Doch nach zwei Stunden, da wurde mir klar,
daß dies das Rezept ja für Salzheringe war.
Nach dieser Pleite da wurde ich schlau,
ich kaufte mir einen riesigen Kabeljau.
Im Kochbuch las ich: Den Fisch schreckt man ab.
Die Anweisung schien mir zwar etwas zu knapp.
Drum hab ich den Fisch auf den Stuhl gelegt
und mich ganz leise nach draußen bewegt,
hab mir das Gesicht ganz schwarz gerieben
und noch einen Knüppel aufgetrieben.
Danach ging ich rein, macht' die Tür leise zu,
sprang hoch vor dem Stuhl und brüllte laut: Buh!!

Doch der Kabeljau hat sich kein bißchen gerührt,
ich hab es im ganzen achtmal noch probiert.
Zur Nacht ließ ich ihn in den Mülleimer sinken,
doch er erschreckte sich nicht, er fing an zu stinken.
Am Abend bin ich zum Schrank dann gerannt
und aß Haferflocken aus meiner Hand.
Lag hungrig im Bett und dachte voll Sorgen:
„Junge, Junge, was koch' ich denn morgen?"

Sonnabend
Ich dacht' mir, jetzt kochst du was einfaches mal.
Auf Eiergerichte, da fiel meine Wahl.
Ich suchte die schönsten Landeier aus,
warf sie in den Topf – zehn liefen gleich aus,
die hab' ich dann durch neue ersetzt
und danach die Kochzeit abgeschätzt.
Wie dumm sind die Frauen, das wurde mir klar,
in fünf Minuten sind soviel Eier nicht gar.
Nach einer Stunde da stand ich fast Kopf,
da klebten die Eier wie Muscheln am Topf.
Doch gab ich die Sache noch keineswegs auf,
ich goß immer neues Wasser darauf.
Fünf Stunden lang dauerte noch dieser Kampf.
Die Küche war neblig vom vielen Wasserdampf.
Dann endlich bekam ich Ärmster es mit,
es waren keine Eier mehr, es war nur Granit.
Am Abend bin ich zum Schrank dann gerannt
und aß trockene Haferflocken aus meiner Hand.
Lag im Bett und dachte ohne viel Sorgen:
„Ein Glück nur, wie schön ist's, die Mutter kommt morgen!"

De Tieden ännert sick

Snackt plattdüüsch man in't Radio,
denn hör ick giern mol 'n beten to.
Dor hew ick an min Vadder dacht
Dei het mol segt und dorbi lacht:
„Mit Plattdüüsch is dat so'n Saak!
Dat is 'n echte Mudderspraak.
Wer dat nich vun sin Mudder liehrt,
dei makt sin Leben lang verkiehrt.
Und wenn wi't upschriewt, — leiwe Tied! —
is't noch bet richtig lesen wied;
denn dorto brukt wi den „Akzent",
as man dat wol up Hochdüütsch nennt.
Ick finn dat äwer ganz vertrackt
dat överall man anners snackt.
Min Öllern verlewten ehr Kinnertied
bi Lübeck up de Meckelborger Sied.
Dat ierst', wat ick hört, na min Geburt,
dat wär'n meckelborgplattdüütsches Würd.
Und as ick denn so'n Johrn söben,
dot tröcken wi üm na Holstein dröben.
Dat leig benah je vör de Dör.
Ick käm mi liekers frömd hier vör.
Wol man hier plattdüütsch snacken kann,
blos hört sick dat ganz anners an.
N „Kauh" is 'n „Kouh" und 'n „Stiert" 'n „Steert"
und wat „verkiehrt" is, is „verkeehrt".
Anstatt „hei geht" segt man „he geiht",
und veeles is hier ümgedreiht.
Nu frag ick mi: „Wo geiht dat to?"
Und ick verkloar mi dat hüt so:
In olle Tied het 't dat wol geben,
jed's Dörp lewte sin eigen Leben.
Mäk man sick up — up Schausters Rappen —
mol na de nähste Stadt to tappen,
denn durte dat so drei, vier Stunn'n
bet man den'n Stadtrand denn har funn'n.

Wen künn dat wunnern —, so wied weg! —
dat man dor anners snack? — na, seg!
Wi müßten also Hochdüütsch liehr'n,
üm mit de Städter to verkiehr'n.
Nu geiw dat äwer klauke Lüüd. —
Dei geiw dat dormals so as hüt —
Dei wulln 't ehr Kinner lichter maken
und snakten mit ehr twei Ort Spraken.
Dat hörte sick meist an so gräsig
as bi Fritz Reuters Unkel Bräsig.
As de Kinner up eigen Bein denn stünn'n,
dor harn se luter hochdüütsche Frünn'n
Vun dei wulln sei nu soveel weiten!
Dor hebt's ehr Mudderspraak vergeten.
Mit Plattdüütsch wür' dat ümmer lege'.
Hüt brukt wi dorto „Volkstumpflege!"
Und reist man hüt mol twei, drei Stunn'n,
denn het man 'n anner Land all funn'n.
Mit 'n Düsenjet vun Hamborg ut
denn stigt man in Paris wol rut.
Na London is dat ok nich wied.
Dor sühst! — so ännert sick de Tied!
Französich, englisch wol sogor,
dat mütt wi liehrn! Dat snackt man dor.
As „Backfisch" dreihte uns Oma sick
all giern mol inst na de Blasmusik.
Opa kunn Polka und Galopp
und nehm in'n Arm sin sööte Popp,
spendierte ehr ok mol 'n Likör.
Hei sülbst tröck 'n kloren Kurn meist vör.
Hüt gaht de Enkels as „Teenager" und „Twen"
Sünnabend Abend na de „Disco" hen.
Dor giw't „highlife" und „musicbox",
man nimmt 'n „drink" dor „on the rocks",
und danzt na „rock'n roll und „beat".
Sühst wol! — So ännert sick de Tied!
Nu is dat ja wohrhaftig wichtig,
dat wi mit Nahwers gaut verkiehrt
mag sin, dat is mol ok ganz richtig,

dat wi vun ehr so manches liehrt.
Blos dörft wi dorbi − wi schulln't weiten!
uns Mudderspraak nich' ganz vergeten.
Süss hört wie bald − dat scha'st mol seihn −
ok Hochdüütsch blos noch in'n Heimatverein!

Olga Witt

Dat Vagelnest

Up min'n Balkon, dor deit sick wat!
Mang all min Blaum'n und Greun
hew ick vergang Johr 'n Nest all hatt
und künn mi doran freun.
Nu hew ick tööwt und hew mi fragt,
ob sei wol wedder bugt?
Ne Amsel? Het ehr dat behagt,
dat sei sick wedder trugt? −
Ierst kümmt sei an und sett sick trecht,
und sei nimmt Maat und prowt.
Denn wöhlt se sick'n Kuhl torecht
und fladdert rüm und towt.
So richtig paßt ehr dat noch nicht.
Sei flügt noch wedder af.
Ehr swade Oll nimmt nu in Sicht,
rüümt 'n lütten Stein noch raf. −
Sei kümmt und let sick wedder dal.
Hei kickt ehr dorbi tau
und denkt: „ob ick all Butüüch hal?"
Hei weit't noch nich genau.
Na, dit schall mi nu mol verlangen!
Ob dei sick trugt hier antofangen?
Nu flügt sei los. − Hei sitt und luert,
ganz bang, weil dat so lang'n duert.
As hei ehr mit 'n Grashalm süht,
dor is hei reinweg ut de Tüt!

100

Hei fladdert −, is ganz upgeregt
und suust denn los mit Swung.
Mit einen Grashalm het se seggt:
„Hier kriegt wi nu uns Jung!"
Hei het dat licht und fix begrepen,
fangt an, nu Butüüch rantoslepen,
haalt Gras und Loof und allerlei,
und bald ligt dor da ierste Ei.
Und jeden Dag kümmt noch ein mehr! −
De Beiden fleigt noch hen und her −
so lang, bet fiew tausamen liegt.
Na, nu is't naug! −Wenn ji dei kriegt,
wenn jed's vull Leben wesen schull,
denn ward juch Kinnerstuw recht vull. −
Nu fangt de Olsch ok an to bräuden,
und Vadder mütt dat Nest behäuden.
Hei bringt ehr Wörm und Fleigen an
und sorgt sick dull as Ehemann.
Blos wenn's den Döst sick stillen mütt,
denn flügt se na'n Waderpütt.
Veel Tied let se sick nich dorbi.
Dat Nest ward kolt! − wat denn?
Stell ick ehr doch, denk ick bi mi,
'n Töller Wader hen.
Sei nimmt dat denn ook würklich an
und makt sick glieks an't Supen ran.
Sei süht all 'n beten miekrig ut.
Dat strengt wol an, so'n lange Brut.
So kamt de Daag und gaht dorvon.
Lütt Mudding sitt und bräud.
Ick trug mi nich up min'n Balkon,
tööw mit ehr up de Freud.
As ick mol wedder stahn bliew,
kiek na min Vagelnest,
ganz still achter de Finsterschiew,
dor käm dat allerbest!
Dat pickt und kloppt! − Dor röögt sick wat!
Schull't nu wol so wied sin? −
En winzig Wesen, noch ganz matt,

ligt dor in'n Sünnenschien.
Noch ohne Feddern, blot und nakt,
het't fri vun Eierschal sick makt.
Den nächsten Dag brickt noch 'n Ei,
und abends sünd dat denn all drei.
Denn Nummer vier — und Nummer fiew. —
Und ick achter min Finsterschiew!
Ganz plustrig sitt min Amsel dor
und warmt dat Kinnerbett.
De Vadder het dat duppelt swor,
weil hei fiew Kinner het.
Dei sünd jo noch so lütt und fien
und sünd doch in Gefohr!
En Kreih, 'n Elster künn dat sin,
oder 'n Katt sogor!
Nu wasst se ran, de lütte Brut,
na 'n Woch sünd's all ganz stur
und seiht nu all recht nüdlich ut.
Ick seih meist Snabels nur.
De Lütten hebt all Feddern kregen,
de Snawels reckt sick geel.
De Öllern mütt sick iewrig regen,
denn Fauder brukt se veel.
Sei seukt nu Wörm und Maden flietig;
verfaudert Stück üm Stück.
De Küken warmt sick gegensiedig.
Dat is Familienglück!

Olga Witt

Lachen deit good

Muß di nich argern,
Hett keenen Wert,
Muß di blot wunnern
Wat all passeert;
Müßt ümmer denken,
De Lüd sünd nich klook,
Jeder hett Grappen,
Du hest se ok.

Muß di nich argern,
Hett keenen Sinn,
Ward di blot schaden
Un bringt di nix in;
Ward an di fräten
As Qualm und Rook.
Is't bald vergäten
Büst grad so klook.

Muß di nich argern,
Is unrecht di dahn,
Hau mal up'n Disch —
Un gliek is't vergahn.
Kort ist din Leben
Un lang büst du dod.
Misch — blot nich argern
Ne — lachen deit good!

Keen Tied — keen Tied

Wat sünd de Lüd düchtig, wat sünd se riek
Se hebbt bald all'ns, hebbt bloß keen Tied
Een jeder is achter dat Geld her as wild
Wat hebbt se dat illig, wat hebbt se dat hild
Se rennt sick rein de Hacken aff
Un grooft dorbi eer egen Graff.

Se schwärmt: Italien is een schönes Land
De engste Heimat is eer unbekannt
Se suust op Asphalt krüz un quer
As weer de Dübel achter eer her.

Man mutt dor jümmers Mensch bi blieben
Loot di doch aff un to mol drieben
goh sinnig mol een stillen Weg
Denn löppt sick mennig Schebe trech.

Loop barfoot mol in't natte Gras
Un beter büst du glieck's to pass
Du markst denn bald, dat sick dat lohnt
Du spürst ok, wo de Herrgott wohnt.

Nich jümmers Fernseen, kiek ock mol na binn
Dor is jo ok wohl wat to finn
Leev mit Bedach dien däglich Leeven
Nüms weet, wie lang uns Tied is geben.

Nu mookt dat good un mookt dat recht
Vun Iil hett „HE" doch gornix seggt.

Freu' Dich oft und lache richtig, Humor ist ja nicht steuerpflichtig.

Nur kein Ehrenamt!

Willst Du froh und glücklich leben?
Laß kein „Ehrenamt" Dir geben!
Willst Du nicht zu früh ins Grab,
lehne jedes Amt glatt ab.

So ein Amt bringt niemals Ehre,
denn der Klatschsucht scharfe Schere
schneidet boshaft Dir, schnipp, schnapp,
Deine Ehre vielfach ab.

Wieviel Mühe, Sorgen, Plagen,
wieviel Ärger mußt Du ertragen,
gibst Geld aus und opferst Zeit,
und der Lohn? – Undankbarkeit!

Selbst Dein guter Ruf geht Dir verloren
wirst beschmutzt vor Tür und Toren
und es findet ihn oberfaul
jedes ungewaschene Maul.

Ohne Amt lebst Du soo friedlich
und so ruhig und gemütlich,
Du sparst Kraft, wie Geld und Zeit,
wirst geachtet weit und breit.

Drum rat ich Dir im Treuen:
willst Du Mann und Kind daheim erfreuen,
soll Dein Kopf Dir nicht mehr brummen,
laß das „Amt" doch anderen Dummen.

Es ist nicht wahr, daß die Leute es nicht gern hätten, wenn man ihnen die Meinung sagt, aber es muß natürlich ihre eigene sein.

Der Blusenkauf

Wenn Frau'n was kaufen, das geht flink,
ich weiß, wie's meinem Freund erging,
der, jung vermählt, wollt' in der Früh
mal ins Büro, da sagte sie:
„Laß mich ein Stückchen mit dir gehn" —
dann blieb sie vor 'nem Laden stehn.
„Komm, gib mir's Geld — bin gleich zurück,
es dauert nur 'nen Augenblick.
Bleib draußen", sprach Frau Suse,
„ich kauf mir bloß 'ne Bluse."

Nun geht sie rein — „'nen Augenblick".
Ihr Mann, sehr heiter, bleibt zurück. — — —
Er freut sich — 's Wetter ist sehr schön,
sieht Kinder, die zur Schule gehn. — — —
Und sie sagt drinnen zur Mamsell:
„'ne blaue Bluse — aber schnell!"
Nun schleppt man alle blauen rein,
und nach 'ner Stunde sagt sie: „Nein,
ich finde keine nette,
ich möcht' 'ne violette."

Nun packt man violette aus.
Ihr Mann geduldig, steht vorm Haus,
denkt: „Ziemlich lange währt so'n Kauf",
geht auf und ab — und ab und auf —
und sie sagt drinnen: „Das ist nett!
Wie kam ich nur auf violett?
Da fällt mir ein, Frau Doktor Schmidt
geht immer mit der Mode mit —
und die trägt jetzt 'ne gelbe.
Ach, geb'n Sie mir dieselbe."

Nun packt man alle gelben aus.
Ihr Mann wird hungrig vor dem Haus.
Der Mittag naht – die Sonne sticht,
die Kinder komm'n vom Unterricht. – – –
Und sie sucht drin und sagt alsdann:
„Was geht Frau Doktor Schmidt mich an!
Wie kam ich auf 'ne gelbe nur?
Es wird ja Frühling, die Natur
zeigt frohe Hoffnungsmiene,
ach, geb'n Sie mir 'ne grüne."

Nun packt man alle grünen aus.
Ihr Mann wird matt und seufzt vorm Haus:
„Gern kauft' ich 'ne Zigarre mir,
jedoch das Geld, das ist bei ihr." – – –
Und sie sagt drin: „Beim Sonnenschein,
da wird das Grün zu dunkel sein." – – –
Da schaut er rein. „Mein Portemonnaie."
Sie sagt: „'nen Augenblick noch. Geh!
Ich bin ja gleich zur Stelle. – – –
Ach, geb'n Sie mir 'ne helle."

Nun packt man alle hellen aus.
Da gibt's ein Ungewitter drauß'.
Es regnet bis zum Abendrot.
Ihm fehlt ein Schirm und 's Abendbrot –
und sie sagt drinnen zur Mamsell:
„So 'n Wetter heut – und dazu hell?
Und überhaupt, wir haben bald
April, da wird's oft naß und kalt,
dann bin ich die Blamierte.
Ach, geb'n Se 'ne karierte."

Nun packt man die karierten aus –
und er stöhnt, frei nach Goethe drauß':
„Was ewig weiblich, zieht uns an.
Das Weib, das zieht sich ewig an." –
Und sie probt drin und sagt entsetzt:
„Was – Nummer vierundvierzig jetzt?
Nicht zweiundvierzig, schlank und schick?
Dann nichts Kariertes – das macht dick",
ihr Blick zur Taille schweifte.
„Dann geb'n Sie 'ne getreifte."

Nun packt man die gestreiften aus.
Ihr Mann der wankt und röchelt drauß':
„Ein Augenblick!" Das war ihr Wort! –
Dann fällt er um – man trägt ihn fort. –
Da kommt sie mit 'ner roten raus.
„Hier bin ich schon", ruft froh sie aus –
und schreit: „Mein Mann!!! Mein einz'ges Glück!
Gott, ist er tot? – Ein Augenblick!"
Und in den Laden starrt se:
„Dann geb'n Sie mir 'ne schwarze."

Der leidgeplagte Kurgast!

Der Wecker klingelt – wie zuhaus,
doch sieht es hier so anders aus.
Erwartungsvoll kleid' ich mich an
und hin zum Frühstück geht es dann.
Danach zum Arzt, ich kleid' mich aus
und strecke ihm die Zunge raus.
Er untersucht mich, wo er kann –
jetzt kleide ich mich wieder an.

Zum Baden lauf' ich — ei der Daus:
schon wieder kleide ich mich aus!
Steig' frisch und fröhlich aus dem Naß —
und kleid' mich an — macht richtig Spaß!
Daheim — ich hab's schon richtig raus,
zum Ruhen kleide ich mich aus!
Zwei Stunden — wie die Zeit verrann
jetzt kleide ich mich wieder an!
Und hin zum Essen — dann zurück,
die Mittagsruhe, welch ein Glück!
Ich kleid' mich also wieder aus
und schlaf zwei Stunden nach dem Schmaus.
Nun kleid' ich mich, o Mann o Mann
doch tatsächlich schon wieder an!
Was soll ich Worte groß verlieren,
ich kleid' mich aus, jetzt zum Massieren.
Der Schweiß mir von der Stirne rann,
ich kleide abermals mich an.
Und schließlich nach dem Abendbrot
wank' ich nach Hause schon halb tot.
Ich kleid' mich aus und sink ins Bett,
denk grade noch, jetzt träum ich nett,
da bin ich selbst im Schlafe dran:
ich stehe auf, ich kleid' mich an.
Schlafwandeln tu ich übers Dach.
Ich kleid' mich aus und werde wach:
es ist mir kalt, ich kleid' mich an.
Am nächsten Tag ich mich besann:
vier Wochen solche Prozedur
ist eine wahre Pferdekur!

De Kökschenglocke

As ik noch een lütte Deern weer, und avens Klock tein in mien Bett leeg, wull ik noch nich slopen. „Mien" Kökschenglock hett mi noch keen goode Nach seggt. Irst wenn se bimmelte: „Go to Bett – slop rech nett" wir ik tofreden. De Kökschenglock hüng boben op da Dag vun't Sprüttenhuus in Thulboden. Nich wiet af vun mien Ollernhus in de Bargstraat. Jeden Obend kunn ik de Kökschenglock hüürn. Mien Vadder hett mi veel vun de lütte Glock vertellt. „Nich ümmer bimmelte se so friedlich ‚Go to Bett – sloop rech nett' – sä he. „Se kunn ok anners. „Füer! – Füer! – Füer!" – bimmelte de Glock opgeregt, wenn in de lütte Stadt Hilligenhoven een Huus in Flammen stünn."

Ik heff in Böker lees, dat de Glock 1390 in een Balkengestell op dat Raathuus hüng. Daarmaals stünn dat Raathuus an de Eck von de Brüchstraat un de Thulboden. Een Füer in de Stadt hett veele Hüser un ok dat Raathuus inäschert. De Glock leeg in de Asch. Veel later is an de glieke Stell een nee Raathuus buugt woorn. De lütte Glock harr wedder een Platz.

Se bimmelte Sünndags und Alldaags freedlich ehr „Go to Bett – slop rech nett." Een ganz Tied later hett man dat Raathuus afbroken. De Glock har wedder keen Platz. Se kööm op een Dackböhn. Dor weer dat ut mit „Go to Bett – slop rech nett". Ober de Hilligenhovener hebbt ehr Glock nich vergeten. In Thulboden op dat Sprüttenhuus kreeg se een Platz. Nun bimmelte se wedder avens Klock tein „Go to Bett – slop rech nett".

1960 wöör dat Sprüttenhuus verköfft. De lütte Glock keem in dat Museum an Parkdiek. Ik wull un kunn „mien" Kökschenglock nich vergeten. Avens Klock tein fehlt mi wat.

1975 heff ik een Leed komponiert. In de Diakoniestation heff ik dat Leed vun de Kökschenglock op mien Schipperklavier spelt un dorto sungen.

De Lüüd wöörn begeistert. Mien Leed hett bi de oolen Inwahner vun Hilligenhoven veele Erinnerungen waakrüttelt.

In Januar 1977 weer da sowiet! „Ründ üm de Kökschenglock" heet dat bi dat Grogkollegium in Hilligenhoven. För dissen Heimaatobend hett Kuddl Engler de Glock ut dat Museum halt. Klock tein heff ik mien Leed sungen un denn: Na söbentein Johr bimmelte de Kökschenglock „Go to Bett – slop rech nett". Ik harr Tranen in de Ogen. Dor wihr se wedder. „Mien" Kökschenglock.

Noch in't sülve Johr stünn in de Heimatzeitung:

„Kökschenglocke läutet wieder."
Boben up dat scheune Raathuus vun Hilligenhoven hett se eern Platz un kiekt sick Dag för Dag de Stadt vun boben an. Avens Klock tein bimmelt se nun:
„Go to Bett – slop rech nett."
Mien Leed heff ik een beten ännert: „Füer! – Füer! – Füer!" – bruukt se nun nich mihr to bimmeln. Hilligenhoven hett al lang een Füersiren. Hüüttodaags geit dat allns elektrisch.
So eenen Mann as de Polizeisergeanten Peter Krey bruukt wi nu nich mihr.
Dor ward vertellt, dat Keeneen so schöön an Glockenstrang trecken kunn as Peter Krey. He weer Hilligenhovens Kökschenglocken Lüdermeister. (Heff ik hürt.)
As ik een lütte Deern weer, hett de Nachwächter Hans Haase dat „Go to Bett – slop rech nett" bimmelt. Wenn allns still is in mien Heimaatstadt, kann ik de Kökschenglock hütigendaags boben in't „Wachtelgebirge" hüren. Dat „Go to Bett – slop rech nett" klingt anners as dormols. Is jo kloor: Ik bünn nich mihr de lütte Deern und „mien" Kökschenglocken-Lüdermeister Hans Haase is all lang in Heben.

Anke Hallmann

Een jeder hett in Lewen sien Päckchen mitkreegen.
Dor hett mancher een mitünner heel schwor an to dreegen.

Den Kopp hoch un heiter un geiht noch so schlecht,
müs die blot denken, löpt sick all'ns wer torecht.

De Kökschenglock

Ik hüür so giern Glocken, ehr'n scheunen Klang.
Ob in wiet Feern, ob in mien Heimotland.
Mien lütte Heimotstadt, hett sowat, wat keeneen hett:
En lütte Glock, mit ehren scheunen Klang.

Dat Lüden verget ik nie, de scheune Melodie!

De lütte Glock lüüd in de Nacht.
Ok bi Wind un Weder höllt se ümmer Wacht.
Dag för Dag kiekt se up de Stadt, de se leefgewunnen hett.
De lütte Glock, mit ehren scheunen Klang.

Anke Hallmann

Die Kökschenglocke

Ich hör gerne Glocken, ihren schönen Klang
Ob in weiter Ferne, ob im Heimatland.
Meine kleine Heimatstadt, hat jetzt das, was keiner hat
Eine kleine Glocke mit ihrem schönen Klang.

Das Läuten vergeß ich nie, diese schöne Melodie.

Diese kleine Glocke läutet ein die Nacht
Auch bei Wind und Wetter hält sie stets die Wacht
Täglich schaut sie auf die Stadt, die sie liebgewonnen hat
Diese kleine Glocke mit ihrem schönen Klang.

Anke Hallmann

112

Nachbarschaft

Melodie: „Mein Vater war ein Wandersmann …"

Ein guter Nachbar ist viel Wert, mehr als der beste Freund,
der nicht nach Rang und Würde späht, der's ehrlich mit Dir meint.
Vallerie — Vallera, der's ehrlich mit Dir meint.

Sitzt Du in Druck, ist sonst was los und weißt nicht ein noch aus,
die Sorgen sind nur halb so groß, wenn der Nachbar springt mit ein.
Vallerie — Vallera, wenn der Nachbar springt mit ein.

Ist mal das Herz zum Bersten voll, schütt es beim Nachbarn aus,
bald fühlst Du Dich dann wieder wohl, erleichtert gehts nach Haus.
Vallerie —Vallera, erleichtert gehts nach Haus.

Auch Freudiges behält man nicht, für sich so ganz allein,
vertrau es ihm, der Nachbar spricht, sein Glückwunsch obendrein.
Vallerie — Vallera, sein Glückwunsch obendrein.

Nimmst Du mal Urlaub, fährst zur Kur, oder mußt ins Krankenhaus,
was wird aus Deinen Blumen nur? Die Nachbarin hilft aus.
Vallerie — Vallera, die Nachbarin hilft aus.

Steckt irgendwo der Karren fest und kommt allein nicht fort,
der Nachbar Dich nicht stecken läßt, gönn ihm ein gutes Wort.
Vallerie — Vallera, gönn ihm ein gutes Wort.

Drum sucht Euch alle nebenan 'nen Nachbarn treu und fest,
mit dem man Pferde stehlen kann und nie im Stich Euch läßt.
Vallerie — Vallera, und nie im Stich Euch läßt.

Wir sagen Euch von Herzen Dank, Ihr lieben Nachbarsleut,
stoßt an auf gute Nachbarschaft, daß es so bleibt wie heut.
Vallerie — Vallera, daß es so bleibt wie heut.

„Petersdorfer Bibel"

Die folgenden Beiträge stammen aus der „Petersdorfer Bibel" von dem Tierarzt Heinrich Krüper. Vor 50 Jahren praktizierte er im Westerkirchspiel und dichtete plattdeutsche Verse. Er war ein humorvoller Mensch, Freunde und Bekannte entdeckten sich in seinen Gedichten und kamen nicht ungeschoren davon. „För de Sünders ganzen Barg – un för jeden 'n beten!"

Ich erinnere mich noch sehr gut an ihn. Lustig sah er aus, wenn der kleine, runde Tierarzt mit dem Fahrrad bei Eis und Schnee im Winter zum „Fleischbeschauen" kam. Interessiert sah ich ihm dann zu, wenn er sehr dünnes Fleisch zwischen zwei Glasplatten nach Trichinen absuchte. Etwas dicker war das Fleisch, welches er mit nach Hause nahm. Die Geschichte vom Hasen, erzählt wird der Lebenslauf eines Hasen von Westfehmarn und seinen Jägern, überreichte Herr Krüper dem Großvater meines Mannes mit persönlicher Widmung.

En wohr Geschicht

En Fehmarnsch Buer, den all wi kennen
– He sülben deit Ha-Hans sik nennen –
De wull ok Farken tüchten gern,
As letzt de Schwien so düer wern.

De beste Sög, schön von Statur,
Un goden Schick söcht ut de Buer;
He krigt ehr op en Flekenwogen
Un ward dormit not Spreendörp jogen,
Wo, as bekannt, Buer Ted för Geld
Tom Decken enen Eber hölt.

Ha-Hans un Ted lodt af dat Schwien
Un jogt em bi den Eber in.
De olle Herr – – – sünst gor nich ful –
Vertröck hüt awer bös dat Mul;
Un Ted bring rut mit Angst un Sorg:
Ha-Hans, din Sög is jo en Borg.

Heinrich Krüper

114

De Hahn!

In sinen Gorn sitt Paster Mart
Un grüwelt öwer dit und dat.
Worüm de Lüd to Kirch nich kommen
De Sünner nich, und nich de Frommen.

Bi dit Geschäft kümmt he in Wut
As von sin Nahwer Dr. Lut,
Dat Hühnervolk und ok de Hahn
Em ümmer in de Arften gahn.

He schüdelt ehr un jogt nah buten
Dat Hühnervolk von Dr. Luten.
Doch wohrt nich lang, von frischen kleihn
De Hühner in de Arftenreihn.

Nu ward de Pastor vergretzt
He röpt sin Husdam un toletzt
Kriegt se ne olle Henn to faten
Doch, ehr dat Tier se lopen laten. − − −

Bind't he ehr üm de Achterpot
En Zettel an, op den stün grot
„Du sollst nicht stehlen"
Dat dee nu „Luten" gorni quälen.

Doch argert he sik en lütt beten,
Den annern Dag bit Fröhstücketen
Süht he dat den Pastor sin Hahn
Bi sine Hühner spelt Galan.

„Holt" denkt he „Rach is söt"
He gript den Hahn, un an de Föt
Bind't he en Zettel, den Frechen:
„Du sollst nicht Ehe brechen."

Heinrich Krüper

De Strahlenfänger (Markus Ev. 4, 1–6)

Ool Mudder Serck — früher wahn's op Flüch
Ehr Lampenschirm güng in de Brüch.
De Perlen holt nich mehr tosamen
Datt all de Lichtstrahl dörch künnt kamm.

Kort vun Entschluß ordnt se gliek an
Se hatt Kommando, nich ehr Mann —
Een nee'en „Strahlenfänger" to besorgen
Un dat gliek hüt, und nich erst morgen.

Twei Deerns vun sööstein — söbntein Johr
De setten sick den in de Koar
Un jogen na den Kopmann hen
De sick hier Hannes Raffke nennen.

Kum sünd se in den Laden rin
Kümmt de Kommi uck all geschwin,
Un fragt wat ehr gefällig wär.
De kichert beid erst hen und her.

„Strahlenfänger möchten wir,
Sie haben doch solche Dinger hier?"
„Nen Strahlenfänger wünschen Sie?"
Fragt ehr entgegen de Kommi.

„Sie wünschen einen Strahlenfänger?"
Un sin Gesicht ward lang und ümmer länger,
Weil em nich rech in 'n Kopp wull rin
Watt dat förn Ding wohl wesen künn.

Doch plötzlich hellt sick op sien Mienen
He fangt verlegen an to grienen
Un stellt en Stück Geschirr ehr hen
Dat wie op Fehmarn Nachtpott nenn'n.

Heinrich Krüper

Nur für Herren!!! (Nehemia 3, 1–6)

Pinkeln muß der Mensch zu Zeiten,
Das wird niemand wohl bestreiten,
Aber wie man pinkelt hier
Will ich heut erzählen dir.

Einer pinkelt still und leise
Wie 'ne Jungfrau auf der Reise,
Andre wieder können strullen
Wie die angekörten Bullen.

Einer pinkelt ziemlich lange
Und auch nur nach starkem Drange,
Einer wieder macht es kurz
Läßt dabei auch wohl 'nen Furz.

Einer pinkelt in die Ecken
Statt ins aufgestellte Becken
Einer pinkelt überall
Einer nur im Pferdestall.

Einer pinkelt mit Verstand
Ständig an des Hauses Wand
Einer pinkelt auch mal schnell
Vor die Tür, sogar wenn's hell.

Einer pinkelt bis zur Decke
Zielt auch nach bestimmten Flecke
Selbst im Saufen pinkelt einer
In die Hosen pinkelt keiner,
Doch in stinkend fauler Ruh
Pinkelt einer auf die Schuh.

Heinrich Krüper

De Zieg (Amos 3)

As Niklaus noch uns Paster wär
Begegent em so ungefähr
Dicht achter Gäfken sine Möhl
Ut Gollendörp de ol Fru Schmöhl
Mit ehre Zieg, de wull bücken
Bin Menschen nennen wie dat: vorsichtig sein.

Düs Arbeit awer paste nu
Uns Niklaus nich rech för ne Fru.
He segt to ehr: „Na solche Sachen
Die könnte doch Ihr Mann wohl machen."

Do fohrt ol Schmöhlschen höllschen op
Un krigt dobi 'nen roden Kopp:
„Wat seg Se dor, wat schall min Mann?"
So fohrt se gliek den Paster an,
„Wat schall de Ol woll noch mit Ziegen
De hett genog mit mi to kriegen."

Heinrich Krüper

Hein un Christ! (Lukas 4, 1–7)

Des abends in de Schummerstünn
As grad will ünnergahn de Sünn
do seten gistern Christ und Hein
in ehr Edstuw ganz allein,
un snacken dor von düt und dat,
von Weder, Orn un sünst noch wat.
As plötzlich wat klopt an de Dör
„Herein" röpt Christ, und wer kümmt her?

Ut Petersdörp de ne Pastor,
Schwart von de Stewel bet an't Hoor,
Opt Sofa nödigen se den Gast
Un weil se beid sünd bibelfast
hebt se in'n korten Ogenblick
ne Ünnerhollung mit Geschick.

Nah kort Tied plink Hein – Christen to
Denn dat is op uns Knust jo so
Uns Gäst bi schnacken un bi reden
Ne lütt Erfrischung antobeden.

Christ wischt dat Mul af mit de Hand
un langt ut en lütt Schapp an de Wand
Ne grote Literbuddel rut.
Wischt sik noch mal af Mul un Schnut,
Set't an den Buddel wo he steiht
un nimmt god enen Dumen breit.

Denn büt he se den Paster an
Doch unse lewe Gottesmann
lehnt af: „Die Herren wissen wohl,
ich trinke niemals Alkohol.
Ich danke wirklich, danke sehr."
Un nu krigt Hein den Buddel her
un deit sinen Broder Christ Bescheid,
natürlich ok got Dumen breit.
Un segt: „Jo, Alkohol is ungesund
dat nehm'n wi ok ni in den Mund,
Doch düt Gedränk is angenehm,
In düsse Buddel is jo Köm."

Heinrich Krüper

Kohle Fäut! (Chronika 6, 1–10)

To Sprekstünn von uns Dokter „Lut"
Kem gistern Bäcker Roggenstut.
En Mann von midde sößti Johr
Mit helle Oog un griese Hoor.

De segt, dat he sit länger Tiden
ganz schlimm an kohle Fäut deit liden.
So schlimm dat he kein einzig Stünn
Sin christlich Ruh mehr finnen künn.

He hett al allens utprobeert
Hett inschmeert, reben un masseert
Sin Fru hett em mit Nadeln prickelt
Hett Lehm un Kohschiet al ümwickelt.

Doch nicks, ok gor nicks schleit mehr an
Un noch wat mehr vertellt de Mann.

As „Lut" nu endlich kümmt to Wort
Do grient he fünschen in den Bort:
„Gegen dieses Leiden, lieber Meister
Hilft selbstverständlich niemals Kleister.

Von Kuhdreck und dergleichen Kram.
Ich selbst litt dran, und ich bekam
es gänzlich fort in kurzer Zeit
und bin seitdem davon befreit.

Nun hören Sie zu, mal ganz genau!
Ich bat des abends meine Frau
mein Bett von oben und von unten
gut durchzuwärmen ein paar Stunden.

Und selbst sich dann hineinzulegen.
Das tat sie auch. Ich selbst dagegen
ging gleich hinein ins warme Bett
und fand die Sache riesig nett.

Und kroch ganz dicht bei ihr heran
wie es sich ziemt für Frau und Mann.
Und glauben Sie, ich wiederhole,
ward warm vom Scheitel bis zur Sohle,
und Ihnen, Meister, rat ich nun,
genau dasselbe bald zu tun."

Ol Roggenstut kiekt den Dokter an
as wenn he nich begriepen kann
un em nich recht in'n Kopp will rin
wat „Lut" sin Rat bedüden künn.

Doch plötzlich hellt sick op sin Mienen,
ok he fangt fünschen an to grienen:
„De Rat is got, man to, gliek hüt,
Fru Doktern het jo doch wol Tied!"

Heinrich Krüper

De Notschlachtung

De Dokter Fast un Tierarzt Weiten, in Wörklichkeit se anners heiten –
de leben nu all lange Johr – in Hannesdörp as Dokterpor
Bi Dag kuriert se Minschen, Peer – doch Obens drink se Grog un Beer,
un snack dorbi von düt un dat – un spelt ok mol en lütten Skat.
Se hebben beid rech lustigen Sinn – un sind no min Tax gode Frünn.
Doch könnt se, dat is to beklogen – in einen Punkt sik nich verdrogen.
Dat is de Arbeit, de se beid – möt leisten to uns Freu un Leid –
un dorum strieden se sik immer – weil jeder meent, sin Sok wär schlimmer

De Tierarzt segt: „Wat is dobi? – wenn eener kummt un segt to mi:
Herr Dokter, hier mi hüt wat quält – denn weet ik jo all, wat em fehlt.
Min Peer un Ossen könnt nix seggen – De loten Kop un Steert blot
hängen –
un Weiten schall denn helpen ehr. – Ik glöw gewiß, doto hört mehr.
De Dokter hätt behaupt indessen: „Beim Vieh kommts nur vom vielen
Fressen!
Da gibt man nur ein „laxus" (Trank) ein und gleich gesund sind Pferd un
Schwein.
Auch macht man höchstens mal 'nem Tier – ein festes kräftiges Klystier.
Und will die Kur mir nicht geraten – dann muß ich eben zur Notschlach-
tung raten.
Dit is de Sok üm de vun Tid – to Tid sik zankt de Dokterslüd,
Nu hätt de Tierarzt stark to liden – sit korte Tid an Himmoriden –
dat he mol muß den Dokter ropen. – De kem denn ok glik anlopen:
„Was ist denn los? Wo fehlt es Ihnen?" Do fangt ol Weiten an to grienen
un segg to em: „Hüt geiht verkehrt. – Nu denkens man, ik bün en Peerd.
Un Se sind ik. – Nu sökens man – wat mi wol egentli fehlen kann?"
De Dokter föhlt den Puls an'n Arm – behorkt de Bost, behorkt den Darm.
Hei kiekt in Hals, kiekt no de Titten – bloß nich wo Himmoriden sitten.
As hei nix find op disse Ort – do grient he fründli in den Bort:
„Ich mach den Vorschlag, lieber Weiten – wir wolln sofort zur Not-
schlachtung schreiten.

Heinrich Krüper

Min blonne Fehmaraner Deern

Melodie: „Es war ein Sonntag hell und klar …"

Von all de Deerns an Ostseestrand, hol ick mi de von Fehmarnland
Rot sünd ehr Backen, blond ehr Hor, ehr Blick is fre — de Ogen sünd klor.
To jeder Tied en kantigen Mot. In Harten tro bet an ehr Dot.
So langn ick lew, will ick verehrn: Min blonne Fehmaraner Deern.
Johann un Grethen bei von „Knus", por Nawerskinner Hus an Hus,
de stünn op'n Dörpslieth ganz alleen, un wulln von anner Afsched nehm'.
He güngn nu na de Welt herin, fat eenmal noch sin Grethen üm.
„Wo ick uck hen kam, denk ick gern, an Di, min Fehmaraner Deern".
In frömmen Lann wark nu Johann. Sleit gra sick dörch, steiht wiß sin
Mann.
Un wenn he abends Fierabend hett, denk he an Fehmarn un sin Greth.
De Mahn un Sterns dat sünd sin Frönn, de bringt sin Grüß na Fehmarn
hen.
„So langn ick bünn in wieder Fern, denk ick an di, min Fehmarnsch'
Deern.
He müß in Kriech un stünn op Wach, in düster kold Novembernach.
Dat snee un frös twer ton Erbarm. He wer verklamt, doch 't Hart wer
warm.
En Sternsnupp föll von Hewen dal. He wüß wat dat bedüden schall:
„Glück hier för mi und in de Fern, uck för min Fehmaraner Deern."
De Kriech is ut un Fred in Lann; Greth und Johann sünd nu en Spann.
Se hepp er Brot und staht sick godt. Se hett all 'n lütt Johann op'n Schot.
Se lew tosam vel glücklich Stünn, un hel oft fat Johann Greth um.
Tojeder Tied höllt he in Ehrn, sind blondkopp Fehmaraner Deern.
Von all de Deerns an Ostseestrand, hol ick mit de von Fehmarnland.
Sünd annerwegens uck swartköpp Mo, wi bliew tiedlebens de blonnen tro.
De krieg en Hoch! Fat an Jo Glas: Wi Fehmaraner Jungs holt fast.
„Lat uns to jeder Tied verehrn: De blondkopp Fehmaraner Deern."

Buernskat

Hinnikbuer, Hein Schütt, Korl Risch
sitt bi'n Kröger an 'n Disch
Siet giste'n abend speelt se Kord'n
Sei reizt und ramscht, speelt contra, re. –
Nu is dat nachts Klock drei all word'n.
Hein Schütt steiht up – Ganz stief is he'.
„Ick glöw nu gaht wi man to Bett.
Ick hew all mächtig einen sitten!
De Runn'n Kloor'n, as dat let!
De veelen Langen und de Lütten!" –
„Ach wat!" segt Korl „nu kumm man ran.
Ick bün jüst bi 't gewinn'n an.
Wi eet nu ierst noch mol 'n Happ'n,
denn höllst Du Di noch stiew.
De nähste Runn müß' Du berappen.
Und wi makt dörch bet fiew."
„Nu kumm man ran," brummt Hinnikbuer
und mischt all vör de nähste Tour.
Korl fangt nu gliek mit Reizen an –
De Krööger bringt den Rollmops ran –,
und „achtein, twintig, twei und drei!"
Dit ward kein Grand, as ick dat seih!
Und doch! Hei het de Hand schön vull.
Ob hei bet viertig gahn'n schull?
Hei truugt sick ran! Hei kriegt den Skat.
Nu het hei äwer wat to fat!
Mit Vier'n! – Äwer denn so bunt!
Na! „Karo heißt der Hühnerhund!"
Und: „Contra!" segt nu Heini Schütt.
„Oh, Korl, ick glöw, wi kriegt Di lütt!"
Uns Hein kümmt rut! Wat schall hei maken?
Hei fangt nu an sin'n Boart to straken.
Und Korl ward meist de Fööt all kolt.
„Na, los! 'N Koard oder 'n Stück Holt!"
Hein Schütt bringt nu Pik-As gliek rin. –
Sin Piep qualmt as 'n Dampmeschin. –

Korl ward Piknegen dorbi los,
und Hinnik het Pik-König blos.
„Na, dit sünd föfftein, leiwet Kind!
Je, und wer föfftein het, gewinnt!"
Piktein speelt Hein glieks achterher,
und Korl stickt in. „Na, bitte sehr!"
Denn Hinnik het Pikacht parat.
Dat is 'n Freud, so'n Männerskat!
Korl nu vun baben! Jung'ns rut!
Dit süht nu all ganz orn'lich ut.
Man blos Krüz-König sitt noch quer!
Hei öwerlegt dat hen und her.
Wat makt hei mit den König blos?
Hei speelt em ut – und is em los.
Denn Hinnik het Krüztein und knallt
ehr up den König, dat dat schallt.
Uns Heini het nu gor Krüz-As!
Na, dit kümmt em je grad to pass!
Nu glieks den grötsten Hadden rut,
denn süht dat all ganz anners ut.
Doch Korl het noch 'n Trumpf und stickt.
Und Hinnik schimpt: „Büst Du verrückt?
Wo kannst Du ook 'n Hadden nehmen?!
Ick mütt mi mit min Tein jo schämen!"
„Nu gewt man her!" seggt Korel Risch,
legt sin twei Kord'n up'n Disch.
Dat sünd Trumpfsöben und Trumpfacht!
hei freut sick mächtig, und hei lacht.
Hinnik und Hein könnt nix bi finn'n.
„Mit so'n Koard kann 'n Großmudder ook gewinn'n!"
Und nu giwt Hein – und denn Korl Risch –
und Hinnik: „Los! Nu misch! Nu misch!
De Tied löpt weg. Dat schummert all.
Wi mütt to'n Melken gliek in'n Stall!"
„De Fruunslüüd ward wol bannig ruuch,
wenn sei uns duunig seiht!
„Na't Melken mütt wi in de Puuch,
so vör'n Stunn, wenn't geiht."
De Kopp is swor und weik de Bein.

So is't bi Hinnik, Korl und Hein.
Ja, ja! Dat hebt sei nu dorvun!
So'n Koardn-Nacht makt mäu' und duun.
Is de Gewinn ook för de Katt,
sei hebt jo ehr Vergnöögen hatt!

Olga Witt

Anglerglück

Fröh morgens, wenn de Nebel stigt
und Dau up Gras und Strüker ligt,
'n Mann sitt mit sin Angelrau'
und stippt 'n Worm rin in de Au.
Wenn em dat glückt, fangt hei 'n Fisch
und kriegt em meddags up'n Disch.
Hei sitt und sitt, dröömt vör sick hen,
tofreden, as ick wenig kenn.
Kein Fisch bit an! – Wat schall hei maken?
En frischen Worm an'n Angelhaken!
En Vagel kickt mit scheiwen Kopp.
En Pogg makt neben em 'n Hopp.
Und as he Stunn üm Stunn'n sitt,
de Welt und all ehr Ihl vergit,
de Wind vun't Dörp, dat vör em ligt,
hell Glockenlüden tau em drigt.
Em raupt de Glocken nicht to Kark.
Vör em is dei blos Minschenwark.
So rechte Andacht mol empfinnen,
sick up den leiwen Gott besinnen,
dat kann hei hier in alle Rauh.
De Herrgott kiekt vun baben tau. –
Dor treckt wat an de Angellien!
Schull dat 'n dicken Borsch wol sin?
Hei stäwelt hen, gript na de Pietsch.
Na nu? – Ick glöw, de Borsch wär plietsch!
Hei het den Worm vun'n Haken reten,

üm em mit Appetit to freten. –
Uns Kierl geiht dat nu noch mol an.
'N frischen Worm an'n Haken ran!
Wol twintig mal an dissen Dag,
smit hei de Angel in'n Bach! –
Nu schient all wedder wat to rieten
und ganz wat Grodes antobieten.
„Na", denkt hei, „wat ick nu wol hal?" –
Ach, 't is blos Slick, – 'n Algenaal! – – –
Na, äwer nu! Dor zippelt dat!
„Ick glöw, nu fang ick doch noch wat!"
Hei treckt de Angel langsam ran
und kickt sick sin'n Fang denn an.
Dat Blaud is rod to Kopp em stegen,
dat Anglerfieber het em kregen. –
Dor ligt hei nu, de arme Fisch,
in't hoge Gras, dor in de Wisch,
und wehrt sick, weil he dat nich kennt,
denn dit is nich sin Element!
Hei spaddelt, windt sick, smit sick rüm!
Den Mann dreiht sick dat Hard meist üm.
„So'n lütten Häk! So'n armet Diert!
Dei het sick fürchterlich verfiert!
Dei glupscht mi jo ganz ängstlich an!
Ob ick den würklich eten kann?
Und dei is jo ook noch so lütt! –
Ob dei nich noch wat wassen mütt?"
Hei puhlt den Haken em ut't Muul
und – smit em in de Waterkuhl.
Doch ganz verbiestert is de Fisch
und meint, hei ligt noch up de Wisch.
Bet hei sick denn up mal besinnt,
flitzt in dat Krut, wo hei verswinnt.
„Ach, leiwe Gott, Du büst de Best!
Doch dit – is wol 'n Irrtum west."
De Angler nimmt sin Tüüch nu up,
denn Mudder tööwt all mit de Supp.
Hei högt sick, wenn'e ook nix fung'n het.
Ein'n het hei hüt dat Leben rett!

Olga Witt

Schoolküken-Humor

Hans Hansen Palmus

Üm düsse Tiet hebbt de Schoolküken ehren ersten Schooldag. Denk doch mal trüch, Nawer, na de Tiet, wo wi sülm den ersten Dag na School güngen – weeßt noch?

Mudder harr uns an de Hand un in de School keemen wi in een ganz grote Stuv herin, dor weer allens anners, as bi uns to Huus. Gliek bi de Döer stünn een Mann mit'n feinen Antoch an un eenen Slips üm. De geev mi de Hand un meen: „Na, – un du wullt nu bi uns to School gahn?" Ick sä: „Nee, ick will nich, awers ick mutt ja …" De Schoolmeister begösch mi: „Schallst mal sehn – is prima. Söök di man eenen feinen Platz ut un sett di erstmal dal." – So füng de erste Schooldag an un tatsächli – veertein Dag later mök dat al beeten Spaß, de „Herr Lehrer" weer gor ni so, as Vadder jümmer seggt harr. Hier schriev ick nu een poor „Schoolküken-Witze" op:

De Ohren hebbt wi ja to'n Hören, den Mund to'n Eeten un snacken un de Näs to'n Rüken. De Schoolmeister fragt den lütten Werner, woto wi denn de Ogen hebbt. Werner springt hoch un besinnt sick nich lang „Die haben wir tun Slapen!"

Nu ward mit Pappbookstawen verscheeden Wöer tosaamstellt. To'n Sluß meent de Lehrer, Gustav kann de Bookstawen man gliek wedder na de Bookstawen-Kassen trüchsteeken. Un dat deit Gustav denn. Awers dat „sch" is tämlich breet un dat hakt son beeten. Gustav haut mit de Hand dorgegen un seggt heel luut: „Wullt du rin, du Aas!" – „Hö, hö, Gustav, sowat seggt wi nich!" – „Och, dat hört de Bookstaw doch nich." – „Awers ick heff dat hört." – Gustav antert ganz dröög: „Och wat – di heff ick doch nich meent!"

De Schoolmeister seggt to Hanne: „Wiederhole doch mal den Satz ‚Die Kuh läuft in den Stall'." Hanne steiht op: „In den Stall läuft die Kuh." – „Nee-nee, anners üm!" Hanne dreiht sick anners üm: „In den Stall läuft die Kuh."

Tante Amalie kümmt to Besöök un fragt so nebenbi de lütt Susanne: „Wowiet sünd ji denn nu in de Fibel?" De lütt Deern kiekt ehr Tante mit blenkern Ogen an: „Sowiet as dat drekig is!"

Överall Bakterien

Nee, ick segg ju, vun Bakterien hett man fröher ok nicks wußt,
und dat Eten wär 'ne Freid und dat Drinken noch 'ne Lust.
Doch sietdem man de Bakterien und den annern Kram erfun'n,
is de Minsch total in't Tütern, nicks will uns hüt mehr gesun'n.

Lees ick dor, dat bannig giftig is ok dat Vanillje-Is,
fröher slappt man mit Vergnögen dat in'n Sommer massenwies.
Hüt denn is ok de Vanillje von't Bazillenveh bedroht,
smecken deit dat lecker-lecker, aber naher — bumms büst dot!

Rökert Aal wär sünst dat Beste, wat de Minsch sick denken kann,
is nu ok nich mehr to bruken, is de Fischbazillus an.
Etst em aber mit Vergnögen hüt to dags ton Abendbrot,
piepst du glieks ut letzte Näslock, tein Minuten later — bumms büst dot!

Ok dat Lufthaln is gefährlich, und wenn ik di raden kann,
stell di nich so veel in Tochluft, kiek di erst de Luft mol an,
kümmst du in so'n Pilzgewimmel, hölpt di keen Karbol noch Jod,
nützt di dat nicks, ümmer rin in den Schimmel, tein Minuten later —
                                                        bumms büst dot!

Ok dat Knutschen is gefährlich, Kinner, lat dat Knutschen sien,
bi de Snutensabbelierung sügt man ok Bazillen in.
Büst du noch so schön bi't Knutschen, pettst vör Leev ehr op den Foot,
nützt di dat nicks, mußt doch afrutschen, tein Minuten later — bumms büst
                                                                    dot!

Und wer dot is, kümmt na'n Karkhoff, un de annern, de jault und quarkt,
na, de Hauptsak is, wer dot is, dat he dor nicks mehr vun markt.
Und denn kümmst du rop na'n Himmel und segst Petrus goden Dag,
segst to em, du störfst an Schimmel und an de Bazillenplag.
Minsch, segt Petrus denn, du Tüffel, dat har ok nich nödig dan,
kiek mal an, wat ick hier süffel, Prost mien Jung, spöl den Schiet man dal!

Uns Meenung vun Dokder

Dat wär domals 1923, as de sößjöhrigen Kinner an Maidag ton örsten Mal to School müssen. Wi harrn domals veer Dokders op Fehmarn. Dat wärn Sanitätsrat Dr. Reinecke, Sanitätsrat Dr. Martens un Dr. Franz Brunck in Stadt un Dr. Luden Kalhoff in Pedersdörp. De Lüd, de in Fehmarnsch Krankenhuus liegn dän, wörrn vun de Dokders ut Stadt mit versorgt. Mit jeder lütt Kleikram güng man domals uck nich na'n Dokder. In jeder Eck-schapp wärn Greundrüppen, Ecksalw, Hambörger Plaster un Essigsaure Tonerde. Een Entzündung in Finger wär eenfach een — schlimm Finger. Wenn de Hambörger Plaster ma all worrn wär, denn keem dor een dünn Schiew rökert Speck op, un dat hölp uck.

Harrn wi mal een Schwiensbuul, de rech deep in Grund seet, denn güngn wi na de Schooster, un de mak uns een Piekplaster. Öwer de rund Hamerkopp legg he een dünn Stück Schaapsledder un reef mit een Stück Piek een dünn Schich op. Mit de Utputzlamp — een Brennspritflamm — wör de Piek denn warm maak, dormit de Plaster uck kleben dä. Wenn de Schooster de Piekplaster denn op de Schwiensbuul backen dä, o je, o je, denn füngn man an to danzen ahn Musik. Tähndokder harrn wi in Westen nich. Wi güngn na Korl Tickemaker. De wär Uhrmaakermeister, Elektri-kermeister un Dentist. Hen na'n Dokder güngn wi blos, wenn wi Arm-oder Beenbraken oder wenn wir wat in Oog harrn. Un denn wör de Dok-der haalt, wenn de olen Lüd in Starben lign dän. Denn heet dat awer uck: „De ist wull rech krank, un de ward wull nich weller. Se hebbt je a de Dok-der haalt." Meistens wär dor uck nix mehr to helpen, un poor Doog later güng Tille Zuuß — de Doden- un Kleedfru — denn vun Huus to Huus un segg Bescheed. Se sä awer nich, de oder de is inschlapen oder is dotbleeben! Nee, se sä: „Ick schull grüßen vun Jakob un sin Kinner, de ol Meta wär nu to Rauh", oder so ähnlich.

Dat wär nu Hochsommer 1923. Dr. Kalhoff harr bi de ol Meta de Do-denschien utschreben un güngn an uns Huus vorbi. Op de Steenbrüüch vör uns Huus speeln een Deern un een Jungn so üm söß Johr herüm mit de Popp in Poppenwogen. Dr. Kalhoff frog düsse beiden Buttjes: „Na, Kin-der, spielt ihr?" De beiden keeken em blot grot an un sän gor nix. Wi schnacken domals je blos platt un kregen hochdütsch blos to hörn vun uns grötteren Geschwister oder wenn wi sülm to School güngn. Dr. Kalhoff fróg wieder: „Geht ihr schon zur Schule?" Do antwor de Deern: „Ja, wi beid sünd Maidag henkam." De Dokder frög: „Wie heißt du denn?" Se sä:

„Anni", de Dr. weller: „Und wie weiter?" Se sä: „Hagedorn." De Dr. weller: „Wo wohnst du denn?" Se wies kort na links röwer un sä: „In de Huus." Dokder Kalhoff frög nu de Jung: „Wie heißt du denn?" De Jung wär de ganze Frogeree a öwer un sä: „Ick heet Willi Scheel un wahn hier", un dobi wies he mit de rechde Duum öwer sin Schuller. Nu frög de Dokder: „Was spielt ihr denn?" Willi sä: „Vadder un Mudder un Kind." De Dokder: „Denn ist Willi wohl die Mutter." Willi: „Nee, ich bün de Vadder." „Un ick bün de Mudder", sä Anni.

„Wo habt ihr denn euer Kind", frög de Dokder. Willi sä: „Dor in Poppenwogen." De Dokder hal de Popp ut den Wogen un − − − oha, oha, de harr een Lock in Kopp, een Arm wär ganz affreeten un de een Been bummel man blos noch an een poor Faden. Do sä de Dokder: „Das Kind hat ja ein Loch im Kopf, das Bein ist ja entzwei und der eine Arm ist ganz weg, ihr müßt damit doch sofort zum Onkel Doktor gehen." Willi sä: „Nee", un de Dokder weller: „Was, das willst du nicht? Und warum nicht?" Willi sä nochmals: „Nee" un achderan sä he: „De maak wi naher sülm dot."

August Scheel

Ein wiederverwertbarer Witz

Bauer Hansen, einem guten Tropfen nie abgeneigt, läßt sich von seinem Hausarzt die Leber untersuchen. Auf die Frage des Arztes, was er denn so trinke, kommt die prompte Antwort: „Alles, was Sie gerade da haben, Herr Doktor!"

Örst mal sehn, wat min Fru seggt

Düsse Satz – Örst mal sehn, wat min Fru seggt – hett wull jeder eenmal hört. Denn in wegge Ehe hett de Fru nich das Seggen? Dat gifft awer uck Ehepoore, wo de Fru seggt: „Örst mal sehn, wat min Mann seggt". Awer denn is den Meenung bi de Fru al ferdig un se weet ehr Mann denn so diplomatisch to frogen, datt he forts weet, wat he antworn schall.

Denn giff dat noch glückliche Ehen. Dorto gehört min Fru un ick ganz bestimmt mit to. Dat heet, min Fru is glücklich un ick bün verheirat.

Nu bün ick doch weller vun dat Thema affkam. Anfang Dezember lees ick in uns Tageblatt, datt de ol Hans-Buer un sin Fru an ehr Golden Hochtietsdag noch mit een Scheeß un Peer to Kirch föhrt wärn. Genau weller so as vör fofftig Johren.

Do güng min Gedanken uck forts fofftig Johr un mehr torüch. Ick dach blot an Scheeßpeer. Sun richdige Passers. Dat wär freuher wat. Buer Niko in Dänschendörp harr domals twee brune Holsteener Paßpeer mit een witten Stern vör den Kopp. De Peer heeten Wrangel un Thomas.

Buer Ernst hatt twee Vöß mit sun schmall Bläs. De beiden wörrn Minna un Lena nennt. In Kopendörp harr Buer Korl de Alex un Lotte. Dat wärn Poor schwarte Paßpeer. Jungedi dat wär een Staat.

Ja, un nu fallt mi dat weller in. Een Graf in Holsteen harr domals uck twee wunderschöne Paßpeer. Dat wärn Appelschimmels un heeten Hans un Liese. De Graf wär heel stolz op sin Passers, ja, he wär direktemang een beeten vernarrt in sin Schimmels.

Eenes Dogs lett de Graf sin Schimmels, Hans un Liese, anspann un lett sick vun sin Kutscher dörch de Dörper föhrn. In jeder Dörp wörr langsam föhrt un weil de Graf man eenfach un liekto wär, schnack he mit de Lüd in Dörp öwer ditt un datt.

In düsse Schnackeree kreeg de Graf oftmals de Satz = Örst mal sehn, wat min Fru seggt = to hörn. Do seggt he to Johann: „Ick glöw, dat giff gorkeen Ehepoor wo de Mann to seggen hett."

De Graf güng op sin sößtigs Lebensjohr to un harr wull allerlei Erfohrung. Do segg Johann: „Herr Graf, dat giff noch genog Ehen wo de Fru seggen deit = Örst mal sehn, wat min *Mann* seggt = un dat giff doch Mannslüd de ganz un gor dat Seggen hebbt." De Graf grient sun beten un denn seggt he: „Johann, du weest wi stolt ick op Hans un Liese bün, awer wenn du mi een Ehemann wiesen deist, de ganz allen dat Seggen hett, denn schall de sick een vun min Paßpeer utseuken un ümsünst hem."

132

Johann meen dorto: „Herr Graf, de Wett de gelt". Johann föhr nu mit den Graf na verschiedene Ehelüd hen, wo *he* meen, datt de Mann to seggen harr.

Awer so veel se uck schnacken döhn, ton Schluß heet dat ümmer weller = Örst mal sehn, wat min Fru seggt =.

To goder Letz keem se bi Buer Peter Hansen un sin Fru Kathrine an. De Graf keem ut dat Staunen gor nich herut. Peter Hansen wär een forschen Kerl, de wüß wat he wull. Sin Hofsteed wär rein, sin Geschirr all in Schuppen ünnerstellt.

In Alln un in Alln harr Peter alleen dat Kommando.

Do segg Johann un grien recht vegeliensch: „Tjä, Herr Graf, nu staht se man to ehr Wort."

De Graf segg allerdings een beten benaut: „Dat do ick uck." To Peter Hansen sä he denn: „Hör mal to, Peter Hansen! Ick heff mit Johann een Wett affschlaten. Bet hierher hett Johann gewunn. Nu dörfst Du di een vun min schönen Paßpeer utseuken. Schaß ümsünst hemm."

Peter Hansen staunt je bannig. Geit poormal üm de beiden Schimmels herüm un ist sick nich rech schlüssig. Do seggt de Graf: „Wigger wullt nu hemm, de Stut Liese oder leewer Hans de Wallach?"

Peter geit noch üm de Peer herüm un denn seggt he: „Örst mal sehn, wat min Fru seggt!" – Ja, un dormit harr de Graf de Wett gewunn. Vun all min Vertelln heff ick nu Appetit op een Glas Beer kregen. – Awer – Örst mal sehn, wat min Fru seggt!.

August Scheel

Das traurige Ende

„Noch nie", sagt der Ehemann zu seiner Frau, „habe ich ein Buch mit so einem traurigen Ende gelesen."
Fragt die Frau: „Von welchem Buch sprichst Du?"
Da antwortet der Mann: „Von meinem Sparbuch."

Sinnsprüche — Zitate —

To School hebbt ji je uck gahn, ebenso as ick. De Deerns müssen domals acht Johr un de Jungs neegen Johr to School gahn. Wi Kinner harrn also Tiet genog, de Schoolmeisters un de ehr Nüggen kennentolehrn. De Lehrers künnt je awers uck frogen! O ha, O ha! Weest du denn nix, denn heet dat, du büst dumm oder du büst fuul. Weest du awer wat, denn frog de Lehrer ümmer wieder, bet du to goderletzt doch een verkehrte Antwort geben deist. Denn weet de Schoolmeister dat natürlich beeder, un dat wüllt se je uck.

Wat ick nu vertelln will, dat schall 1926 in de Petersdörper School passeert wesen. Dor wär domals de Kanter Kardel as örster Lehrer. Lehrer Karl Möller harr de Middelstufe un in de Lüttschool wär dat een Fräulein.

Kanter Kardel harr in de Oberstufe un in de Middelstufe dat Reeken. Wenn Kardel in de Middelstufe dat Reeken harr, denn mök Karl Möller in de Oberstufe Düütsch-Ünnerricht. Nu wull Möller in de Düütsch-Stünn vun de Kinner — Sinnsprüche — hörn. Sinnsprüche kennt ji doch noch, nicht? — Morgenstunde hat Gold im Munde — Müßiggang ist aller Laster Anfang — Ohne Fleiß keinen Preis — Vor den Erfolg haben die Götter den Schweiß gestellt — Alter schützt vor Torheit nicht — Die Alten zum Rat, die Jungen zur Tat — Es ist noch kein Meister vom Himmel gefallen — Was Hänschen nicht lernt, lernt Hans nimmermehr — Sich regen bringt Segen — usw. usw. Nu wüssen de Kinnder alln Anschien na keen Sinnsprüche mehr. As letzten Sinnspruch harr een vun de Kinner segg: „Aller Anfang ist schwer."

Dor achder in de Eck, wo de Kunfirmanden un groten Flözen sitten dän, dor gnurr de Fritz: „Awer blot nich bin Steensammeln." „Was ist da los?" frog Lehrer Möller. Do steit Fritz — de lange Lulatsch — langsam op un segg: „Ich sagte zu dem Spruch — aller Anfang ist schwer — nur nicht beim Steinesammeln, das wird ja immer schwerer." Lehrer Möller segg: „Deine Randbemerkungen behalte man für dich. Nenne lieber noch ein paar Sinnsprüche. Davon weißt du natürlich keine mehr, nicht war?" Fritz segg: „Doch, noch eine ganze Menge". „Dann lasse sie doch hören", segg Möller. Do segg Fritz: „Ein Laie kann mehr fragen, als zehn Weise beantworten können". De Lehrer stutzt un segg: „Soll das etwa auf mich gemünzt sein? Du sagst sofort einen anderen Sinnspruch." Fritz segg: „Wen der Schuh paßt, der zieht ihn an." De Schoolmeister is eenfach platt. Do klingelt de Pausenglocke, un he segg noch to Fritz: „Wenn ich nach der Pause in die Klasse komme, dann stehst du sofort auf und sagst einen anderen Sinnspruch, verstanden?" Fritz segg: „Ja".

In de Pause dröp Lehrer Möller mit de Kanter Kardel tosam un vertellt de dat vun Fritz un sin komischen Sinnsprüche. Do segg de Kanter: „Ich bin gespannt, mit was für einen Spruch er jetzt kommt; ich gehe mal mit in die Klasse hinein."

De Pause is to Enn. De Kinner a all in de Klass. Do makt Lehrer Möller de Klassendöer apen un lett örst de Kanter intreden, un denn makt he achder sick de Döer to. Do spring Fritz op un röpp: „Ein Unglück kommt selten allein!"

Lehrer Möller ward öwer düssen Spruch so opgeregt, löpp op Fritz to un knallt em links un rechts poor an de Backen un schreet: „Sagst du sofort einen anderen Sinnspruch!" Fritz fang natürlich an to weenen, un obgliek he schlucken deit, bringt he den Spruch herut: „Gewalt geht vor Recht." Do fang Kanter Kardel an to grien, geit op Lehrer Möller to un segg: „Herr Kollege, regen sie sich ab. Ich meine – Ihr beide solltet euch man die Hand geben und euch wieder vertragen." Dat dot Lehrer Möller un Fritz denn uck, un de Kanter segg: „Fritz, weißt du dazu auch einen Sinnspruch?" Fritz schluckt örst noch poor mal, nickt denn mit den Kopp un segg: „Pack schlägt sich und Pack verträgt sich."

August Scheel

Fährst Du rückwärts an den Baum, verkleinert sich der Kofferraum.

✻

Hallo, „Daumen" rief der Hammer, „nett Dich mal wieder zu treffen."

Labskaus-Ballade

Nun vor Zeiten einmal gab's einen Käpt namens Labs, der – wie damals
vorgekommen – seine Frau hat mitgenommen, auf die meisten seiner Reisen, denn er liebte gut zu speisen. Schon am Sonntag sprach er: „Kleines,
koch' mir heute ganz was Feines!"

Und es sagte gleich Frau Labs:

> „Paß mal auf, ich glaub' ich hab's."
> Aus dem Pökelfaß geschwind
> nahm sie Fleisch von Schwein und Rind,
> und vom Eingelegten glatt
> Hering, Gurke, Lorbeerblatt,
> Zwiebel und auch Rote Rübe
> (daß das ganze rötlich bliebe)
> schließlich aus dem großen Sack
> eine Menge Schiffszwieback,
> wässert, kocht und dreht die Menge
> durch des Wolfes Lochgezwänge
> und serviert den ganzen Paps
> aufgekocht dann ihrem Labs.
> Einmal zu besondrer Güte
> fand Frau Labs noch eine Tüte
> Bückling statt der Matjesfische,
> die sie ins Gemenge mische,
> und verschön't's mit Spiegelei
> und 'nen Rollmops auch dabei,
> und ein klarer Schluck daneben
> macht die Sache glatt und eben,
> doch damit er gut verdau's
> sprach sie: „Lieber Labs, nun kau's!"

Der Name Labskaus kommt aus dem Englischen: lob's course = lob =
deftiger Mann, plattdeutsch = Labs, course = Speisenfolge.

Norwegische Seeleute verballhornten die englische Bedeutung in Labskaus, das Rezept des uralten Seemannsgericht auf Seite 232 im Kochbuch

„Eine Prise Ostseeluft im Küchenduft"
von Annekatrin Detlef

Verständige Allergie

Jeder Fünfte heutzutage ist
allergisch, wie man hört,
das ist eine rechte Plage,
die das Wohlbefinden stört.

Dieser niest beim Gräserblühen,
jener weint bei Primelduft,
mancher, trinkt er Milch von Kühen,
ringt zwei Tage lang nach Luft.

Einer wird zu Streuselkuchen,
der an Erdbeeren sich wagt;
ungezählte aber suchen
noch vergeblich, was sie plagt.

Frische Farbe, Federkissen,
Katzenhaare, Sellerie,
Staub, Benzin, wer kann es wissen,
alles reicht zur Allergie.

Jahre such' ich selbst vergeblich,
was mich peinigt – immerhin
weiß ich schon, daß ich allergisch
gegen zuviel Arbeit bin.

Wie sich die Zeiten und Wünsche ändern!

Ein Junge will vom Weihnachtsmann
am liebsten einen Hampelmann.
Die Mädchen – anders als die Knaben.
Sie möchten gern ein Püppchen haben.

Wenn beide groß und aufgeklärt,
ist das Verhältnis umgekehrt!
Ein Püppchen suchen sich die Knaben,
'nen Hampelmann wollen die Mädchen haben.

Sie halten ihn am Bande fest,
wo man ihn ruhig zappeln läßt.
Wenn er 'ne Zeitlang so trainiert,
wird er zum Traualtar geführt.

Vielleicht wird mancher protestieren:
„mir könnte sowas nicht passieren!"
Hör zu, gewievter Frauenkenner!
Das sind die größten Hampelmänner!!!

Tip: Heiraten Sie einen Bauunternehmer, der hat nicht nur viel Sand, sondern auch viel Kies.

Doktor Wald

Wenn ich an Kopfweh leide und Neurose,
mich unverstanden fühle oder alt,
dann konsultiere ich den Doktor Wald.
Er wohnt ganz nah, gleich nebenan,
er ist mein Augenarzt und mein Psychiater,
mein Orthopäde und mein Internist,
er hilft mir sicher über jeden Kater,
ob er aus Kummer oder Kognak ist.
Er hält nicht viel von Pülverchen und Pille,
doch um so mehr von Luft und Sonnenschein!
Ist seine Praxis auch sehr überlaufen,
in seiner Obhut läuft man sich gesund!
Er bringt uns immer wieder auf die Beine,
verhindert Fettansatz und Gallensteine,
den Blutdruck regelt er und das Gewicht,
nur Hausbesuche macht er leider nicht!

Freunde in der Not

In glücklichen Tagen ist niemand allein,
da stürmen die Freunde zur Türe herein
und feiern mit Dir voll Übermut.
Dann glaubst Du wirklich, sie meinen es gut.

Bedenke, es kommen auch schwere Zeiten,
erfüllt von Krankheit und Sorge und Not,
dann werden die Freunde Dich nicht mehr begleiten,
die Treue versprachen bis in den Tod.

Sie kommen nie mehr zu Dir zurück,
denn Dich verließen ja Wohlstand und Glück.
Doch wäre nur einer, der bei Dir bliebe,
dann gäbe es Glauben an Freundschaft und Liebe!

139

Een Kaffeegedicht

So'n Tass Kaffee deit got, vun Koop bit to'n Foot,
Rech stark un rech swart, denn bubbert dat Hart,
un dat gifft frischen Moot, so'n Tass Kaffee deit got.

So'n Tass mit Rohm, dat is wie en Droom,
lüt Stück Zucker dorbi, un denn Schlackermaschüh,
ob to Koken oder Brot, so'n Tass Kaffee deit got.

So'n Tass regt opp, sett Klönkram in'n Kopp,
bringt dat Mulwark in Gang, mokt de Ogen schön blank,
bringt in Wallung dat Blot, so'n Tass Kaffee deit got.

Un de Strickwiever de jappelt un dat Mulwark dat babbelt,
un dat Wullknuhl dat rappelt un de Köpp sind ganz rot,
so'n Tass Kaffee deit got.

So'n Tass Kaffee deit got, vun Kopp bit to'n Foot,
doch söss Tassen in'n Mogen, dat kun di doch plogen,
man rennt üm de Wett, dat Klosett is besett.

Un de Wiever de kappelt un de Achtersten de zappelt,
nu ward awers Tied, dann is dat sowiet,
alls is weller in Loot, so'n Tass Kaffee deit goot.

Käthe Luft

Trink so lang der Becher winkt
Genieße deine Tage,
ob man im Jenseits auch noch trinkt,
Das ist die große Frage.

Schall ick, oder schall ick nich?

Och, wat gifft dat doch för Saken
De veel Arger uns könnt maken
Un wi weet nich, wat wi wüllt
Jümmer is't de ol Geschich:
Schall ick oder schall ick nich?

Mit twintich keek ick aff un an
Mi ok de lütten Deerns mal an
Harr ick denn een in'n Arm bi mi
Un dach ant Küßen nebenbi
Keek ick ehr fründli int Gesich:
Schall ick oder schall ick nich?

Steiht mal vör mi so klor un frisch
een grooten Kööm un Beer op'n Disch
Denk ick an denn Doktor un min Fro
Wat seggt de beiden wull dorto?
Gah mit mi den sülwen to Gerich:
Schall ick oder schall ick nich?

Wenn mi een Tähn mal quälen deiht
Un in min Kopp sick allens dreiht
Wenn ick de Engels singen hör
Denn köm ick bit vör Dokters Döör
Dor stah ick dann mit min scheef Gesich:
Schall ick oder schall ick nich?

Kümmt mi een Minsch mal in de Mööt,
De snacken deiht so zuckersööt
De sick ümbringt vör Fründlichkeit
Un achtern Rüch spektakeln deiht
Denk ick, seh ick in sin dumm Gesich:
Schall ick oder schall ick nich?

Mensch, Möhlmann!

Herr Möhlmann hatte schon seit Wochen
auf Drängen seiner Ehefrau
ihr einen Barbesuch versprochen,
nur wo, das blieb noch ungenau.

Als beide durch die Straße gingen,
fand August Möhlmann keine Bar,
die seines Wissens zum Gelingen
des Abends recht geeignet war.

Die Ehefrau jedoch, Auguste,
sah ihrerseits ein Nachtlokal,
wohin ihr Mann sie bringen mußte,
wenn er das Haus auch nicht empfahl.

Sie schleppte ihn zur Eingangstüre,
wo ein Portier in Gala stand,
der unterm Baldachin der Schmiere
die folgende Begrüßung fand:

Mensch Möhlmann, das ist ja erfreulich,
Mensch Möhlmann, das ist aber schön,
Dich nach dem letzten Abend neulich
erneut als alten Freund zu sehn!

Wie, kennst Du den? Frau Möhlmann staunte,
was weißt Du von dem Manne hier?
Ihr lieber August aber raunte:
Das ist ein Kriegskamerad von mir!

Sieh da, Herr Möhlmann! rief voll Freude
im Flur jetzt die Gardrobenfrau.
Wie? sprach Frau Möhlmann, alle beide?
Die Dame kennst Du auch genau?

Das ist die Frau vom Kriegskameraden,
sprach Vater Möhlmann, es ist gut,
das sie in diesem Männerladen
in seiner Nähe Dienste tut!

Jetzt traten unsere Eheleute,
Herr und Frau Möhlmann, in die Bar,
die, wie an jedem Tag, auch heute
rotschummerig erleuchtet war.

Ah, rief die busenschöne Dame,
die an der Schemeltheke stand,
Herr Möhlmann! Welch ein lieber Name!
Die Gute war aus Rand und Band.

Frau Möhlmann aber fragte:
Die kennst Du auch? das ist mir neu,
als August Möhlmann zögernd sagte,
daß dies der beiden Tochter sei.

Im Fortverlauf des Nachtprogramms,
das ablief in Herrn Möhlmanns Sinn,
erschien ein Mägdelein, ein strammes,
als flotte Striptease-Tänzerin.

Sie ließ beim Tanz die Hüllen fallen
bis auf den winzig kleinen Slip
und sagte dann kokett zu allen:
Wer wagt denn nun den letzten Stripp?

Da rief, fast wie aus einem Munde,
es war schon um die Mitternacht,
die frohgelaunte Männerrunde
daß dies doch stets Herr Möhlmann macht.

Nun aber fort! Frau Möhlmann packte
den armen Mann, zog ihn hinaus,
bis August fast zusammensackte
vor diesem tiefverruchten Haus.

Ein Taxi kam. Frau Möhlmann zerrte
den bösen Mann hinein,
beschimpft ihn mit aller Härte:
Wie kann man nur so treulos sein!

Da drehte sich mit Schmunzelmiene
der Fahrer um, lokalbegabt:
Mensch Möhlmann, so'ne miese Biene,
hast Du bisher noch nie gehabt!

Die Schöpfung

Der Lehrer versucht an Hand von Bildern,
den Kindern die Natur zu schildern.
Er spricht von Tier und Pflanzenwelt,
und als am Schluß die Glocke schellt,
da sagt er zu den kleinen Wichten,
sie mögen morgen ihm berichten,
von was eigentlich der Mensch entsteht.
Die kleine Schar erhebt sich — geht,
und bringt bei der Gelegenheit
die Eltern in Verlegenheit.

Auch klein Fritz, eben zu Haus angekommen,
hat sich den Vater vorgenommen
und ihm die Frage sogleich gestellt,
Papi, wie kommt der Mensch auf diese Welt?
Der Vater kommt dabei ins Schwitzen,
er schaut bekümmert hin zum Fritzchen,
doch dann besinnt er sich und lacht.
Mein Jung, der Mensch, der ist aus Lehm gemacht.

Ach, denkt klein Fritz, wenns weiter nichts ist,
da geh ich nebenan zu Töpfer Schmidt,
und nehm mir gleich solch 'nen Klüten mit.
Gesagt, getan,
und mit dem Lehmklüten in der Tasche,
stürmt er am nächsten Tag in seine Klasse.

Der Lehrer sodann die Frage stellt,
na Kinder, wie kommt der Mensch auf diese Welt?
Da meldet Hein sich sogleich,
Herr Lehrer, der Mensch kommt aus dem Storchenreich.
Fritzchen sitzt ganz still und stumm,
er kramt in seiner Tasche rum.

Dann springt er auf und ruft:
Das ist doch alles Quatsch mit Soße,
ich hab das Ding in meiner Hose,
womit die Schöpfung vor sich geht,
und woraus dann der Mensch entsteht.

Von wegen Storch, Herr Lehrer, so sehn Sie aus,
und wenn Sie wollen, ich hol ihn raus.
Der Lehrer wird erst blaß, dann rot,
und dann ruft er in seiner Not:
Laß drinnen ihn, du Bösewicht,
so kleine Jungs tun dies noch nicht.

Gute Nacht, Adele!

Es fuhr mit viel Geschäftsinteresse
der Chef, Herr Schmidt, zur Kölner Messe
doch nahm besagter Kaufmann Schmidt
auch seine Sekretärin mit.

Die beiden hatten sich die Stände
und auch das Messefreigelände
am Deutzer Ufer angesehn
und wandten sich, nach Köln zu gehn.

Sie aßen gut und nicht zu teuer
im alten Stadtlokal bei Meuer
und gingen dann ganz offiziell
als Ehepaar ins Domhotel …

Der Mondschein drang mit seinem Schimmer
in das besagte Doppelzimmer,
als Kaufmann Schmidt, der gerne trank,
ermüdet auf sein Lager sank.

Die Sekretärin lag in Seide
zu Schmidts und auch zu ihrer Freude,
vergnüglich, sauber und adrett
im herrlich breiten Nachbarbett.

Da sagte Schmidt, um anzubandeln:
„Wie soll ich Dich, mein Kind, behandeln?
Ja, überleg Dir das genau,
als Sekretärin … oder Frau?"

„Als Deine Frau", rief sie verwegen,
hob kurz den Blick und ward verlegen.
Da sagte Schmidt: „Du, gute Seele,
dann schlaf auch schön, gut' Nacht Adele!"

Peinlich

Auf einer Dienstfahrt kommt ans Meer
der Bischof und sein Sekretär.
Der Tag ist heiß, und sie sind matt.
Der Bischof sagt: „Ein kühles Bad
das wär jetzt wunderschön."
Ein Wink, schon bleibt der Wagen stehn.

„Warum nicht, Eminenz, ich bitt!"
„Hab keine Badehose mit."
„Ich auch nicht", sagt der Sekretär,
„als ob sie hier so nötig wär."
„Denn hier, in dieser Einsamkeit
sieht uns kein Mensch doch weit und breit."

Schon stürzt er sich, bald nackt, ins Meer
und nun der Bischof hinterher.
Da braust ein Omnibus heran
und hält grad hier am Ufer an.
Zum Picknick will sich niederlassen –
oh nein, es ist doch nicht zu fassen.

Was da entsetzt die Augen schaun, –
hier 'ne Vereinigung von Frau'n.
Es ist 'ne Schar vonält'ren Damen,
die gerade hier zum Strande kamen.
Der Bischof schnell die Beine hebt
und ganz entsetzt zum Ufer strebt.

Und als er tritt nun an den Strand,
bedeckt er schamvoll mit der Hand
des Leibes Blöße unten – Ach! –
Da ruft der Sekretär ihm nach:
„Bedecken Sie doch Ihr Gesicht;
denn unten kennt man Sie doch nicht!"

Feudelhosen

Zum heutigen Hochzeitsfeste
da wünschen wir Dir das Allerbeste –
und weil sich sowas netter macht,
haben wir Dir etwas mitgebracht.

Wie schön sind zur Hochzeit Rosen,
doch wieviel praktischer sind Hosen,
sie wärmen, wenn auch ohne Düfte
Dich von den Knie'-en bis zur Hüfte.

Und bist Du mal nicht ganz in Form,
die Saugkraft die ist ganz enorm,
auch bleibst Du selbst in kalten Wintern
stets warm und trocken bis zum Hintern.

Doch will Dein Mann mal mit Dir kosen,
zeig Dich nicht in diesen Hosen,
wenn sie auch schöne Spitzen haben,
wird ihm der Anblick doch nicht laben.

Zeig lieber ihm die nackten Beine,
sucht er die Hosen, sag, Du hast keine!
Laß sie aus Seide Dir von ihm erneuern,
diesen Lappen nimmst Du dann zum Scheuern!

(Eine Hose aus 2 Feudeln nähen, etwas Spitze nicht vergessen)
(Feudel = Aufnehmer)

Stoßgebet eines Feriengastes

Heut lassen wir die Bilder sprechen
und zahlen traurig unsere Zechen.
Viel zu schnell war dieser Urlaub rum
der zehnte hier am Baltikum.

Der Vater sagt: "Jetzt ists vorbei
mit der Ostseeplänkerei!
Zum Klettern geht es nächstes Jahr
in die Berge, ist das klar?"

O Herr, was hast Du nur gedacht,
als Du die Berge hast gemacht?
Konntest Du es nicht bedenken,
sie mitten in das Meer zu senken?

Dorit Frank

149

Der Bauer und sein Feld

Ich bin das ganze Jahr vergnügt
im Frühjahr wird das Feld gepflügt,
dann steigt die Lerche hoch empor
und singt ihr frohes Lied mir vor.

Kommt dann die schöne Sommerzeit,
dann ist mein Herze hoch erfreut.
Wenn ich vor meinem Acker steh'
und soviel tausend Ähren seh'.

Kommt endlich Erntezeit heran
dann muß die blanke Sense ran,
dann fahr ich auf das Feld hinaus
und schneid und fahr die Frucht nach Haus!

Im Herbst schau ich die Bäume an
seh' Äpfel, Birnen, Pflaumen dran
und sind sie reif so schüttle ich sie,
so lohnet Gott des Menschen Müh'.

Kommt dann die kalte Winterzeit,
dann ist mein Häuschen überschneit.
Das ganze Feld ist kreideweiß,
und auf der Wiese nichts als Eis.

So geht's Jahr aus Jahr ein mit mir,
ich danke meinem Gott dafür
und habe immer frohen Mut
und denke, Gott macht alles gut.

Bauernregel: Sind die Hühner platt wie Teller, war der Traktor wieder schneller.

Urlaub auf dem Bauernhof

Zu einem Freund, der Landwirt war,
kam einst ein junges Ehepaar.
Der Freund führt es durchs ganze Haus,
zeigt ihnen Hof und Hühnerhaus.
Die junge Frau stand still dabei,
das Hühnerleben war ihr neu.
Da, plötzlich springt der Hahn aufs Huhn,
wie es die Hähne alle tun.
Die Frau, die voll Interesse scheint,
fragt darauf den väterlichen Freund:
„Herr Schulze sagen sie doch an,
wie oft am Tag macht das das Hahn?"
Herr Schulze denkt ein wenig nach:
„Na, ja 20 mal am Tag."
Worauf die Frau ihr Männlein küßte
und lächelnd sagte: „Siehste, siehste!"
Doch darauf fragt der Mann den Freund:
„Sag, Schulze, wie ist das gemeint,
läuft denn der Hahn den ganzen Tag
immer dergleichen Henne nach?"
Oh nein", erwidert Schulze nun,
„der Hahn nimmt stets ein anderes Huhn"!
Worauf der Mann sein Frauchen küßte
und lächelnd sagte: „Siehste, siehste!"

Arbeite ruhig und gediegen
Was nicht fertig wird bleibt liegen
Halte die Ruhe hoch und heilig
Denn nur Verrückte haben's eilig
Trost gibt Dir in allen Dingen
Ritter Götz von Berlichingen.

De Sögentitt

Gah mi aff mit Swattsuer, sä de Timmermann Hinnerk Neels; kannst mi vörsetten, wat du wullt, ick eet allns wat opn Teller kümmt, blots keen Swattsuer. Ik bünn ümmer vöör kloren Kraam. Swattsuer ist allns anners as dat. Ik mag bi jede Saak geern op'n Grund kieken. Kannst dat bi Swattsuer?

As ick in de Lehr keem, do sä mien Vadder to mi, ik muß bi mien Lehrherrn allns eten, wat op'n Disch keem, muß ok allns opeten, wat ick op'n Teller harr, dörft nix ören.

Ick heff mi ümmer no Vadder sien Raatslag richt, ok as enes Daags Swattsuer op'n Disch keem. Bi Swattsuer ist je ümmer dat reine Radelschraden wat du di rutangelst ut de grote Schöttel, ob dat'n Stück Buukspeck is, een Neer, en Stück vun't Hart oder blots 'n Stück Speckswaart. Ick dach, ik harr'n goden Fang maakt; en groot, verkantig Stück Fleesch leeg op mien Teller. Blots wat dat mit denn Hüker op sik harr, de steil to Höcht recken dä, datt harr ick vört erste noch nie klook. Ick schraap nu mit'n Meß de swarte Sooß darvun aff. Dor wor ick wat wies. Meist harr ick Gabel und Meß hinsmeten so verfehr ick mie, denn een groten, fetten Sögentitt keem to'n Vörschien. Heel slecht rassert weer dat Deert ok noch; rundum stunn en Kring vun deftige Swiensborsten.

Wenn ick dor mal eben ankemm, denn schaukel he hin un her, stunn he still, denn wer't, as grien he mi an un as wull he seggen: „Ja, nu frett mi man!"

Opeten? Nümmer wor dat Ding dörch mien Halslock glieden. Aver allns opeten, wat du op'n Teller hest, harr Vadder segt. Ick arbei mi nun von de Sieden her no de Merrn to, snee ümmer noch'n Stück Speck af un quoos dat rünner mit'n Stück Klüten oder 'n Stück Kantüffel achterher, un dat Mahlwerk wor dorbi ümmer langsamer gahn. Tletzt weer blotz de Sögentitt noch no. Wiel he von de Sieden kenn Hoolt mehr harr, kipp he üm. Die annern weern al lang klaar mit't Eten un mi keem't so vör, as wenn se op mienen Teller keken. Wenn sie doch man opstahn un rutgahn, dat ik dat gräsige Beest an die Kant bringen kunn!

Den Meister wor die Tied al lang:

„Nu schust man'n beten tomaken!" Sä he, „wi luert blots noch op die!" Nu holp't nix mehr. Rop mit dat Deert op de Gabel, rin in den Mund, en Stück Klüten un en halve Kantüffel achterher und dalslukt! Wohrhaftig, de Kraam gung op de Reis no neern. Aver glicks dorno mark ick, dat de ganze

Fracht den umgekehrten Weg maken wull. Ik sprung hoch, rut ut de Stuuv, rut ut'n Huus! Un ganz neeg bi die Huusdör, dor keem he al wedder an't Daageslich, de Sögentitt.

Gah mi af mit Swattsuer, sä Hinnerk Neels, de Timmermann.

De Speckschwort in Grönkohl

Een Paster keem mal op een Burnhof. Dat wer grad Meddagstied. In de Köck röckt dat heel good, dat gev Grönkohl, de Pann mit Grönkohl stün all op'n Disch.

De Buurfruu lod denn Paster toon Eeten in, he frei sick bannig, much he doch vör sin Leben gern Grönkohl ut de Pann. Neben Großmudder wer noch een Platz free. He kreeg een Gobel in de Hand un lang denn ok düchtig too.

De Paster keem ok vun Buernhof un so wüß he, wi dat weer, ut de Pann to eeten. He lang ümmer noch mal to, veer-fiefmal, do mitn mal kreeg he een Stück Speckschwort twischen de Tähn un fang an, 'n beten wat hoch to kaun. Dat markt Großmudder. „Na, Paster" segg see „hebbt Se de Speckschwart tofaaten kreegen? Leggen Se de man wedder in de Pann trüch! Ick heff de eben ok all hatt!"

Sachen gibt's!

Der kleine Feriengast Alex, 1½ Jahre alt und der noch gerne aus der Nukkelflasche trinkt, macht mit seinen Eltern Urlaub auf dem Bauernhof.

Er strolcht allein auf dem Hof herum. Im Damwildgehege steht der zutrauliche Damhirsch Heinerich am Zaun.

Alex steckt seine Flasche durch den Draht und Heinerich fängt gleich kräftig an zu saugen. Großes Geschrei beim Alex. So nicht! Jemand eilt herbei und zieht die Flasche dem Hirschen aus dem Äser. Überglücklich steckt Alex die Flasche wieder in seinen Mund. Schade, daß keine Filmkamera dabei war!

Schwatte Melk

(Telefon klingelt)

Ja, hier is Fru Erichsen.

Mammi, büs du dor? Hier is Addi.

Ja, ick bün hier, wo büst du denn, mien Jung?

Du, Mammi, ick bün hier in Rotterdam, bün erst hüt vun See kamen.
Mit Elsi heff ick uck eben telefoneert. Uns Baby is all vör dree Wochen ankam.

Gradleer, Addi. Aber worüm hett Elsi datt nich glieks mitdeelt?

Wi harrn doch keen Funk an Bord, Mammi.

Un worüm hett se di datt nich schreben?

Wi hebbt doch de letzten 4 Wochen keen Post kregen, Mammi.

Wat is dat denn, Addi?

Een Jung, Mammi!

Grootartig – dat is je grootartig. Un wi geiht dat Elsi?

Prima, Mammi!

Also allns in Ordnung?

(zögernd) na ... jaa

Oder is noch wat?

Womit wat, Mammi?

Mit Elsi?

Nee, Mammi, Elsi is mopsfidel.

Un dat Kind?

Waat?

Ob de Jung gesund is?

(wieder zögernd) ... ja, – gesund is he.

Aber?

Schwatt!

Waat?

Ja, weest du, Mammi, dat hett Elsi mi erklärt. Se harr doch keen Melk un
dor müss een Amme dat Kind ernährn, un dat wär eben een Schwatte – ja
un dat hett denn avfarvt, Mammi.

Aach? – Hett avfarvt!

Ja, Mammi, aver dat giv sick mit de Tied, hätt Elsi seggt.

Soo? Hett Elsi seggt.

Nu will ick di mal wat seggn, mien Jung. Mit di güng dat domals ganz

154

genau so. Ick harr ook keen Melk un dor heff ick di an dat Euter vun unsre Koh leggt. Un dorum büst du ook nu dat gröttste Rindveeh worn, dat op de Welt rümlöppt.

Zimmervermietung

Dat hett sik all vör veele Johrn affspeelt.

Korl Steebelknecht weer Schoostermeister un bröcht sien Fru un sik mehr slecht as recht dörch Leeven. As dat mol besonners knapp in de Kass weer, hebbt se tosamen öwerleggt, ob se nich de eene Stuuv mit dat Fenster nah achtern op den Hoff vermeeden kunn. Jo, dat güng, de Stuuv wör nich mehr brukt. Leet sik jo alln's beten fein torechtmoken.

As allns klormookt weer, kreeg Fru Steebelknecht en Zeddel her un schräfft dorop. „Zimmer nach hinten preiswert zu vermieten." Denn nehm se sik'n beten Mehl un verröhrt dat mit Water. Dat backt ja schön. Se smeert dat up de anner Siet vun de Zeddel un wull jüst ehr Poster an't Fenster backen, dor seggt ehr Mann to ehr: „Nu laat uns gau eeten, denn kannst du mi achteran noch fix de Pickdraht för de Schoh, de ick noch neihn mütt, besorgen." Naja, Fru Steebelknecht deckt gau den Disch un treckt mit'n Foot ehrn Stohl ran un sett sick hen. Nu leeg dor aber jüst de Zeddel op, de frisch mit Mehlbrie inklistert weer. Dat weer ja schön week un de Fru markt nix. As se denn to enn eeten harrn, stöv se glieks los, den Pickdraht to besorgen.

De Zeddel mit den Mehlklister güng mit. De kunn sick vun ehrn Achtersteeven nich mehr afflösen. Dat seeg recht drollig ut.

Fru Steebelknecht wull jüst in Laaden gahn, dor keem an ehr en vörbi, grient un froogt: „Hebn Se ne Achterstuuv to vermieten?"

„Jo", seggt de Fru un wunner sik, dat he dat all weet. Dor meent de Mann: „Mi weer de Vörderstuuv je leever."

„Nee, dat geiht nich", seggt Fru Stebelknecht, „vörn schostert mien Mann!"

Die schicken Hosen

Melodie: „Mein Vater war ein Wandersmann"

Refrain: „Ob Du jung, ob Du alt, ob Du dünn oder ob Du kugelrund bist,
ob Du klein, ob Du groß, ein jeder braucht 'ne Hos."

1. Ja, Hosen gibts für jedermann
   ganz lang, halblang und kurz,
   statt Hosen sagt man dann und wann
   auch Blue Jeans oder Shorts.

2. Ne Hos gibts Marke Germany,
   die ist ganz wartungslos,
   selbst Bügelfalten braucht sie nie,
   das ist die Lederhos.

3. Und bist Du klein und noch nicht rein
   und kannst Du nicht aufs Klo,
   dann kriegst Du eine Pampers an
   um Deinen kleinen Po.

4. Die Frau genießt des Mannes Pracht
   und findet ihn famos
   erst richtig, wenn sie ihn betracht
   in seiner Unterhos.

5. Wir haben heute Wandertag
   ein jeder trägt 'ne Hos.
   Guckt uns nun noch mal richtig an
   bei uns da ist was los.

6. Auch unsere Omas trugen sie,
   die Hosen mit dem Schlitz,
   Die Jugend heute lacht vielleicht
   und denkt, das war ein Witz.

7. Die Trainingshos mit Gummizug
   ist heute wieder in,
   sie läßt auch keine Luft heraus
   und läßt auch keine rin.

8. Nun seht Euch diese Hose an,
   sie ist nicht unbekannt,
   sie werden von den Männern auch
   Liebestöter genannt.

9. Und nimmst Du eine Spalttablett,
   mußt Du für 'ne Zeit ins Bett,
   greifst zum Pyjama von Dior,
   wir stellen ihn hier vor.

10. Und geht es uns sehr miese dann,
    es bleibt uns noch zum Trost,
    in dieser Wirtschaftskrise man
    die tolle Feudelhos.

11. Wir sehen jetzt die Fischerhos
    mit grünen Stiefeln dran,
    dem Heini ist sie viel zu groß
    das sieht doch jedermann.

12. Wir sagen Euch „Auf Wiedersehn"
    und grüßen den Rest der Welt
    wir kommen auch zum nächsten Fest
    mit Hosen, wenns gefällt.

*

Einer kann nicht alles
Viele können etwas
Wir alle zusammen können aber viel.

Das verwechselte WC

Tante Luise — schon etwas bejahrt,
war satt nun die Großstadt von heute
sie wünscht sich für ihre Urlaubsfahrt
Natur nur — und einfache Leute.

In Hintertupfing bat sie um Quartier,
im Brief hat sie darauf bestanden,
daß dorten so, wie in der Großstadt hier
auch Wasser-Klosett sei vorhanden.

Da statt Wasser-Klosett sie schrieb W.C.,
konnt unter den einfachen Leuten,
in Hintertupfing trotz Ach und Weh
das W und das C keiner deuten.

Da plötzlich — dem Bürgermeister fiels ein —
WC — er nahm erst 'ne Prise —
das Wald-Café wird es sicherlich sein,
dann schrieb man an Tante Luise.

„WC" vorhanden — zwei Stunden vom Ort,
im Wald versteckt unter Bäumen,
zur Sommerzeit herrscht großer Andrang dort
weil jeder will sitzen und träumen.

Bei schönem Wetter — sofern man es hat
sitzt alles im Freien — im Garten,
die einen lesen da irgend ein Blatt,
die anderen spielen dabei Karten.

Von jedem Platze die herrlichste Sicht
mit leiser Musik untermalt
wird abends sogar per Scheinwerferlicht
das ganze Geschehen noch bestrahlt.

Und kommt es mal vor, daß alles besetzt,
dann läßt man im Grünen sich nieder,
schaut glücklich empor und ist sehr ergötzt,
wer's einmal erlebt hat — der kommt wieder.

Erst spät in der Nacht sagt oft man Adé,
beseelt nach der inneren Wandlung,
verlassen die Gäste das schöne WC
ergriffen von all dieser Handlung.

Tante Luise las diesen Bericht
und sagte entsetzt nur: Barbaren,
ein Massen-WC mit Scheinwerferlicht?
nein danke —, ich werde nicht fahren.

Wenn Traurigkeit Dich überfällt
ganz gleich an welchem Ort der Welt
dann denke dran wie es auch sei,
denn alles geht einmal vorbei,
und denk an all die lust'gen Sachen,
so wirst Du gleich auch wieder lachen,
denn einst ist wahr, die Welt ist rund,
und wer viel lacht, bleibt immer jung,
doch glücklich ist, wer nie verlor,
im Kampf des Lebens den Humor,
ein jeder möge daran denken
und seinem Nächsten Freude schenken.

Stimmungsmarsch

Das Fehmarnlied

von: Heinz Stein

Das Fehmarnlied

(Marschlied)

Wir sind die Leute vom Fehmarn-Belt
Fehmarn-Belt, Fehmarn-Belt
Nichts geht über uns're schöne Inselwelt
über uns're Inselwelt

Wir sind die Leute vom Fehmarn-Belt
Fehmarn-Belt, Fehmarn-Belt
Nichts geht über uns're schöne Inselwelt
über uns're Inselwelt

Es treffen Gäste ein von nah und fern
der Weg ist lang — sie kommen gern
sie fühlen sich hier alle pudelwohl
bei Korn und Bier und Wirsingkohl

(Refr. gepfiffen)

Es treffen Gäste ein von nah und fern
....

Europa ist an Fehmarn nun schon ganz nah dran,
ganz nah dran, ganz nah dran
Die Brücke spannt den Bogen bis zur Insel ran,
den Bogen bis zur Insel ran

Europa ist an Fehmarn nun schon ganz nah dran,
ganz nah dran, ganz nah dran
Die Brücke spannt den Bogen bis zur Insel ran,
den Bogen bis zur Insel ran

Wir brauchen hier bestimmt kein Königreich
für uns sind alle Menschen gleich
Es findet jeder hier bei uns Quartier
und ab und zu auch sein Plaisir

Wir sind die Leute vom Fehmarn-Belt
....
Wir sind die Leute vom Fehmarn-Belt
....

Text und Musik: Heinz Stein

161

Warmes Wasser

Melodie: „Das Wandern ist des Müllers Lust ..."

1. Zum Waschen wie auch zum Rasier'n,
   zum Gurgeln wie zum Inhalier'n – warm's Wasser –
   ist für den Menschen jederzeit
   von allergrößter Wichtigkeit, von allergrößter Wichtigkeit
   warm's Wasser ...

2. Die Herr'n der heut'gen Brauerei'n,
   die heimsen ihr' Verdienste ein – vom Wasser –
   dem Kunden aber liefern sie
   ein Bier, das schmeckt gerade wie
   warm's Wasser ...

3. Nicht nur das Bier, das man jetzt trinkt,
   die Milch, die uns der Milchmann bringt – oh Wasser –
   hat von der Milch ja keine Spur,
   das ganze Zeug ist meistens nur
   warm's Wasser ...

4. Die höhern Töchter werden heut'
   auf Kochkunstschulen sehr gescheit – oh Wasser –
   und hat ein Mädel einen Mann,
   das ganze, was sie kochen kann
   warm's Wasser ...

5. Jüngst lud man zu 'ner Kindtauf mich,
   Taufpate war natürlich ich – oh Wasser –
   ich trug das Kind, die Freud war groß,
   doch plötzlich rann auf meinem Schoß
   warm's Wasser ...

6. Ich bin am Ende und am Ziel
   und hoffe, daß das Lied gefiel – vom Wasser –
   daß euch vor Freude wie dem Kind
   das Wasser aus den Augen rinnt
   warm's Wasser ...

Daran hätte meine Oma im Traum nie gedacht

Meine Oma, die lebte, Ihr lieben Leut',
noch in der guten alten Zeit.
Sie kannte keine Raketen, keine Düsenjäger, keine Musikbox,
                          keinen elektrischen Grill,
zum Fernsehen, da hatte sie nur ihre Brill'.
Sie kannte kein Tiefkühlgemüse,
wenn ihr etwas kalt war, dann warn's die Füße!
Sie hatte nie den Erich Mende geseh'n,
deswegen fand sie den Opa so schön.
Wenn der einmal umfiel, ich sag' es ganz offen,
dann war's nie politisch, dann war er besoffen.
Meine Oma kannte keinen O. W. Fischer,
keinen Karajan, keinen Uwe Seeler,
keine Bundesliga und keinen Geigerzähler.

Ihr wurde keine Geschirrspülmaschine offeriert,
sie hatte ja den Opa, das ging wie geschmiert.
Sie ist nie im Ausland herumgerannt,
doch die Heimat, die hat sie gekannt.
Sie kannte keinen Tonfilm, sie kannte keinen Star,
sie wußte auch nicht, wer Freddy war.
Sie kannte nicht die Kilius mit ihrem Zahn und auf wen
                          momentan die Taylor fliegt,
sie kannte den Bismarck, der hat ihr genügt.
Sie kannte keinen Slip und keinen Halli-Galli,
nur nach Rizinusöl, da lief sie dalli-dalli.
Sie tanzte nie Madison oder Twist,
drum wußte sie auch nicht, was 'ne Bandscheibe ist.
Sie tat auch nicht wild durch die Gegend hopsen,
und Twist nahm die Oma zum Strümpfestopfen.
Doch daß man aus Twist einen Tanz mal macht,
daran hätte meine Oma im Traum nicht gedacht!

Die Oma wußte nichts von der Soraya,
sie war nie nervös, ging früh in die Heia.
Sie kannte keinen Gastarbeiter aus dem Süden,
und trotzdem war sie immer zufrieden.
Sie kannte kein Schaumbad mit Massagegeräten,
sie aß nur die Hälfte, da gab's nichts zu kneten.
Sie kannte keine Schönheitsoperation am Kinn,
wo Oma nichts hatte, da kam auch nichts hin.
Sie kannte keine Salben gegen Runzeln und Falten,
wer einen alten Kopf hatte, der mußt' ihn behalten.
Sie wußte nichts von Sex mit Erotik gewürzt,
trotzdem hat die Oma den Opa bezirzt.
Und was man heute alles aus Schaumgummi macht,
daran hätte meine Oma im Traum nicht gedacht!

Meine Oma hat nie den Günter Grass gelesen,
sie ist mit der Courths-Mahler zufrieden gewesen.
Sie hat niemals am Camping teilgenommen,
ihr Rheuma hat sie auch so bekommen.
Sie kannte kein Atom, keine Elektrogehirne,
sie benutzte zum Denken die eigene Birne.
Sie kannte keinen Beatle mit langer Perücke,
sie trug Scheitel und Dutt, das war sauber und schicke.
Sie kannte keinen Gammler mit dreckigem Gelock,
auch keine Jeans, keinen Minirock.
Wenn Oma sich bückte, da gab's nichts zu seh'n,
drum fand sie die langen Röcke bequem.
Und was man mit Bikini und „oben ohne" macht,
daran hätte meine Oma im Traum nicht gedacht.

Auch mit 'nem Nerzmantel hat sie niemals geprahlt,
sie trug Karnickel, und der war bezahlt.
Sie kannte keinen Toaster und keinen Mix,
auch von Entwicklungshilfe wußte sie nix.
Sie hat niemals von Vico Torriani geträumt,
sie wußte auch nicht, welches Waschpulver schäumt.
Ihr hat nie der „Duft der weiten Welt" gewunken,
denn Opa sein Knaster hat anders gestunken.
Sie tat keine Abhöraffäre erleben,
und Amerikaner hat's nur beim Bäcker gegeben.
Sie saß in ihrem Häuschen, die Miete war nicht teuer,
doch lebte sie heute im selben Gemäuer,
täte sie sich totzahlen an Miete und Pacht,
daran hätte meine Oma im Traum nicht gedacht.

Meine Oma kannte gegen Baby's keine Pille,
sie kannte keine Blutprobe und keine Promille.
Kam Opa nach Hause und hat leicht geschwankt,
dann wußte sie ohne Röhrchen, der Alte hat getankt.
Und schlich der Alte sich heimlich aus dem Haus,
das wirkte bei Oma Energiekräfte aus.
Sie brauchte keine Lochkarte und keinen Radar,
sie wußte genau, wo der Alte war.
Wenn Opa dann kam, des Nachts um halb vier,
stand Oma mit der Bratpfanne hinter der Tür.
Sie wußte nichts vom Weltraum, wollte nie auf den Mond,
nein, sie hat bescheiden hier unten gewohnt.
Sie hatte kein Motorboot, keine eigene Yacht,
aus 'nem Swimmingpool hätt' sie sich gar nichts gemacht.
Sie hatte kein Auto, keinen „Dicken Brummer",
dafür keine Schulden und stets guten Schlummer.
Sie war immer zufrieden, ihr lieben Leut',
in ihrer guten alten Zeit.
Doch daß heut' jemand einen Vortrag über sie macht,
daran hätte meine Oma im Traum nicht gedacht!

Großmutter einst und jetzt

Wißt ihr noch, wie es damals war
die Großmutter mit gescheiteltem Haar
saß im Lehnstuhl am Fenster, das Strickzeug zur Hand.
Perlon hat man damals noch nicht gekannt.
Im bauschigen Rock aus wollenem Tuch
vor ihr lag offen das Bilderbuch.
Und kamen die Enkel dann müd von der Straß'
und baten: „Ach Großmutter, bitte erzähle uns was!"
Da lacht sie uns an mit zahnlosem Mund
und tat uns die schönsten Märchen kund.
Sie war wie immer, die beste, die liebe,
man konnte nur wünschen, daß es immer so bliebe.
Ja Großmutter mit dem Häubchen aufs Haar
betreute die Enkel so viele Jahr.
Sie ging niemals aus, an sich dachte sie nicht.
Sie kannte nur eines und das war die Pflicht.
Wer eine solche Großmutter besessen,
ich denke, der wird sie niemals vergessen.
Ich hatte so eine: O, welches Glück
und denke noch oft mit Sehnsucht zurück!
Ja, damals das war noch die gute, alte Zeit,
wie liegt sie so fern, wie liegt sie so weit.

Großmutter ist Omi geworden.

Wo ist diese Großmutter in heutiger Zeit?
Sie ist eine Omi geworden nun heut.
Das Haar trägt sie dauergewellt
und ist des öfteren zum Friseur bestellt.
Ein keckes Hütchen trägt sie aufs Haupt,
ja, ja, wer hätte das damals geglaubt!
Den Rock, je nach Mode, kurz oder lang.
Vor was wäre unserer Omi schon bang?

Sie sitzt nicht im Lehnstuhl und ruht sich nicht aus.
O nein, unsere Omi ist selten zu Haus.
Sie hat ein Kaffeekränzchen, manchmal auch zwei,
denn ohne die Omi ging es gar nicht vorbei.
Sie reist nicht nur zur Ferienzeit,
nein, auch im Winter, wenn es schneit.
Sie macht ihre Reisen per Bus oder Bahn
und zwar keine kurzen, nein, so weit sie nur kann.
Der Schwarzwald sogar hat nicht mehr viel Reiz,
heut' fährt sie nach Österreich oder gar in die Schweiz.
Doch auch noch viel weiter zur Riviera ans Meer
und da muß sogar das Flugzeug noch her.
In Omis Mund fehlt kein einziger Zahn,
was so ein Zahnarzt alles ersetzen kann.
Sie fährt mit dem Auto, oh, welche Wonne
mit der ganzen Familie bei Regen und Sonne.
Den Führerschein zu machen, war ein Kinderspiel.
Ja, unserer Omi ist nichts zu viel.
Sie geht noch zum Schwimmen, Skilauf und Segeln
und manche von ihnen sogar zum Kegeln.
Doch machen die Omis von heut' auch in Modern,
so soll man sich nicht über sie beschwer'n.
Sie sorgen heute noch für die kleinen Lieben,
denn das Herz der Omi ist das gleiche geblieben.
Gott möge erhalten noch lange Zeit
der Großmutter und der Omi Herzlichkeit!

Spare in der Zeit, dann haben die Erben keine Not.

De verpatzte Diät

De Dokter hett segt: Ick bin to dick.
Ick wär as Fru jo so nich schick.
Affnemen mot ick so 30 Pund,
denn wär ick ock so richtig wer gesund.
Ick wet dat jo selbst, he hett jo recht,
aber hungern kann ick nu moll schlecht.
Jetz ward dat anners, ji süllt mol sehn,
in 20 Wochen bin ick wedder schön.
So heff ick dacht, so Anfang Mai
as dat losgüng mit de Fasterei.
Eten ward jetz nur noch no Kallorien,
he hett segt, so mut dat ock sien.
Morgens gift een hart Stück Knäckebrot
lüdd Bodder op, dat is schon god.
Een Tass Kaffee am besten swart,
dat is denn de Erfrischung förd Hard.
Ton Fröstück gift Boddermelk in Tassen,
dat will mien Mogen gor nich passen.
He hangt mi bald schon in de Knee,
mi deit ock schon de Kopp so weh!
Wär blos erst Middag, dann et ick mi satt,
so üm ½ 1 dann gift dat wat.
Ick kiek mi denn mien Diätzettel an,
dor tru ick mi jo gor nich ran,
wat dor steit is fast ni to glöben,
in Woder gekokte, gehle Röben!
Ohne Flesch, ohne Fett, enfach nur so!
Dor war ick den ganzen Dag nich froh!
Een Löpel Quark as Nodisch erlaubt,
het denn Verstand mi doch bald raubt!
Un Klock 4 gift een Appel oder Appelsien,
mehr dörf dat am Nommerg ock ni sien.
Dortau een Tass Tee von Kamillen ganz dünn,
dor kann ick mi gor nich mit anfrünn.
Lever wär mi een Stück Tort mit Marzipan,
aber dor dörf ick vorläufig jo nich ran!

Ton Abenbrot dor gift dat Salat in Massen,
dat kann mien Buk jo gor nich fassen!
Wöddeln und Zwiebeln, Tomaten, Radies,
wat is denn dat förn Ort und Wies!?
Anmokt mit Solt, Eti und Peper,
mit Oel schmeckt mi dat egentlich beter.
Doch Oel is fett, hett Kalorien
un dat dörf nu mol nich sien.
Um 10, bün ick denn noch to retten,
gift ock noch Vitamintabletten.
Denn hef ick Ruh, go hin int Bett.
Hoff, dat mien Mogen mi slopen lött.
In Drom seh ick den Disch voll Eten,
dat is bestimmt mien schlech Geweten!
Ick hef nämli heimli mit Hochgenuß
noch verdrückt een Stück Swattbrot mit Leberwust!
So schall dat nu wiedergohn ne ganze Tied,
bit ick 130 Pund weg, denn is dat so wiet.
Doch ob ick dat schaff, ick kann dat nich glöben
Denn bit ton Hals rut stoot mi de gehlen Röben.
Dor hef ick worhafti genug vun hatt,
un wär ock von Figur ganz platt.
Mien Mann segt, mien Deern, lot doch dat hungern sien,
ick mach di so wie du büst geern lien.
Un dat is de Hauptsok, ju künnt mi dat glöben;
ick verzichte in Tokunft op all de Röben!
Eet wedder Schnitzel, Swiensback und Kohl,
denn föhl ick mi ock wedder wohl!

Aff nächstes Johr, ick hoff dat is noch nich to spät,
fang ick an mit de niee Nulldiät!

De Popo

Hört mal to un swiegt mal eben,
ick will wat ton Besten geben.
Vun dat Leewen vullschlanker Damen,
de mit de Mod to kort meist kamen.
De Mod in ehr hele Pracht
is vör de Schlanken meist blots dacht,
Harr ick in't Leewen meistens Glück,
hier heff ick Pech, min Popo is to dick.

Wat kann een nette schlanke Deern
sick fein mit Kleedern utstaffeern.
Sieden Fummels, bunt un schick,
bi mi, dor is de Po to dick.
Utverkoop in vullem Gange,
alle köpt se vun de Stange,
Ick stoh doar mit'n trurigen Blick,
ja, min Popo is to dick.

Schöne Kleeder, Röck un Blusen
vör lütte un ok kralle Busen
All de Frons seiht propper ut,
man bi mit steiht de Po herut.
Meist dreegt se ok een lange Büx,
vör unsereens doar is dat nix.
Ick heff dat ok mal probeert
un mi dorbi fix blameert.

As ik in dat goode Stück rinsteigen dei,
geev dat een Knall, de Büx wer twei.
Doar harr ik nu min Mißgeschick,
ja, min Popo is to dick.
As ick na de Kirch an Sünndag wull,
weer all'ns besett un brekenvull.
Man, achtern in de letzte Bank
seh ick een Platz noch, Gott sei Dank.

Man, dat weer blots een Kinnersitz,
un min Popo weer to dick.
In't Strandbad, bi de Swimmerie,
vergneugt sit jung un old dörbi.
Mit Badebüx un ook ahn Plün'n,
so liggt se denn doar in de Sünn.
Man, wenn ick mi dat recht bekiek,
hebbt veele ehren Popo to dick.

Ja, leeve Lüd in düssen Saal,
dat mit denn Popo, dat is een Qual
un kiek ick hüt mal in de Rund,
hett manche een meist toveel Pund.
Wat möt ji ok ümmer soveel eeten,
hebbt ji denn gorkeen schlecht Geweten?
Gliekst fangt de Musik weller an,
dann schunkelt man düchtig, Fro un Mann.

Bewegt un trimmt jo, hold jo fit,
denn ward de Po ok nich to dick.

Glücklich ist, wer nie verlor
im Kampf des Lebens den Humor,
und zwickt es auch mal irgendwo,
man lebt nie ohne Risiko.

Der Stuhl

Neulich war ich wirklich krank,
saß krumm auf meiner Ofenbank
war schlapp und matt – kein Appetit,
auch schmeckte mir das Essen nit.
Ich schleppte mich zum Doktor rauf,
und dacht', der schreibt mir ganz bestimmt was auf.

Wo fehlt es ihnen, gute Frau –
beschreiben sie's mir ganz genau.
Ach, Herr Doktor, wie soll ich's sagen
ich muß halt über alles klagen.
Am schlimmsten ist's in meinem Bauch,
es drückt der Magen, und der Darm zwickt auch.
Der Doktor fragt: ist's ein Gewühl?
Dann brauch ich morgen ihren Stuhl.
Den muß ich erst sehen, dann kann ich sagen,
was da nicht stimmt an ihrem Magen!

Ich trab nach Haus – denk vor mich hin,
was bringste bloß für'n Stuhl dahin?
Bei einem fehlte Farbe und Kissen,
beim andern ist der Stoff verschlissen.
Damit durch's Dorf – was denken die Leut'
ganz vornehme Stühle ham'se doch heut.
Ich werd mir beim Nachbarn einen borgen,
der hat ganz Neue – weg waren die Sorgen.
Am nächsten Morgen, so gegen Acht
hab ich mich mit 'nem Stuhl auf den Weg gemacht.

Der Doktor guckt, als ob ich nicht dicht,
ihren Stuhl brauch ich, verstehen sie denn nicht?
Ich denk, jetzt hast de dich blamiert,
der merkt so was gleich, studiert ist studiert.
So 'nen Stuhl in uns'rem Haus,
das schließt der Doktor völlig aus.
Bin dann mit meinem alten rauf,
der Doktor reißt die Augen auf,
er kreischt, jetzt red' ich deutsch mir dir,
'nen alten Stuhl den bringst du mir?

Ich denk der schlägt mir auf die Backe,
als der schreit — ich brauch deine Kacke!
Hätt' der denn das nicht gleich sagen können,
läßt zweimal mich mit 'nem Stuhl her rennen.
Morgen, Herr Doktor, mach ich es richtig —
nicht morgen, sagt er, das ist nicht wichtig.
Wenn sie in drei Wochen wiederkommen wollen,
ich muß mich erst von ihnen erholen!
Gut, Herr Doktor, das sehe ich ein,
ich bring dann das Zeug in drei Wochen rein.

Die drei Wochen waren um, ich raffte mich auf.
Vater, sag ich, heut geh'ste mit zum Doktor rauf.
Es ist zuviel! — pack mal mit an,
ich trag die zwei Eimer, und du trägst die Wann!!!

Das Floh'che

Se duckden friedlich aufe Bank,
der Mond kiekt durche Wolken.
Er hädd dem Schweinestall ausgemist,
und sie de Kuh gemolken.

Nu hädd er beide Arme fest
um ihren Hals geringelt,
daß se man knapp noch pusten kannt,
so hield er ihr umzingelt.

Se konnd nicht weg, se konnd nich auf,
se konnd nich runterrutschen,
drum hielt se still, wass solld se tun,
und ließ sich von ihm butschen.

Er butschte gut, drum wurd' ihr heiß,
ihr Blut fing an zu kullern,
und inne Brust das kleine Herz
tat gegne Rippen bullern.

Mit eins da sagt se: „Heer mal auf,
mir scheint, mir beißt e Floh'che."
„Nau" sagt er, „an welche Stell?
Emmend wo am Popoche?"

„I wo, hier vorne inne Blus
da scheint der Krät zu hucken."
„Dem greif ich Dir, ich will mir bloß
schnell aufe Finger spucken."

E Floh auf ihre Firsichhaut,
das konnd er nicht verknusen,
drum grappscht er längs am Medalljong
tief rein in ihren Busen.

Er sucht und wiehlt e ganze Weil,
denn se war gut gewachsen.
Nu hädd er ihm und wolld dem Krät
foorts aufe Stell zerknacksen.

Da sagt se: „Halt, gib ihm mal her",
stoppd ihn zurick ins Mieder
und lächselt sieß und unschuldsvoll:
„Vleicht brauch ich ihn mal wieder!"

De wilde Aal

Oma, mit'n Korv vull greune Aal
leep de Holstenstraat henndahl.
De Dinger köffte se jüst eben,
dat Aastüg weer noch vull von Leben.
As se nu bi de Ampel luert,
weil dat mit rot watt länger duert,
een Aal ut ehren Korv rutkrüppt
und up den Zebrastreifen hüppt!
Een Bengel steht up anner Sid,
verdrivt mit Näsbor'n sick de Tid.
De Ampel nu nah greun hennrückt,
uns Oming nah den Fisch sick bückt,
de averst schlängelt um sien Leben,
und Oma grippt ganz dicht dorneben.
Gau versöcht's dat noch eenmal
doch wedder knippt ehr ut de Aal!
Dat Jachtern fallt ehr nu all schwer,
so över'n ganze Straat verquer.
Bi't Drüttmol hett's em ok nich kreegen,
doch leet's bi't Bücken eenen fleegen!
Dor kreiht de Bengel, de dort steit,
und Oma ok nich helpen deit:
„Dat's richtig, Oming, scheet em dot,
mit't Griepen hest du doch din Not!"

Mensch, Du wirst alt!

Der Name, wie war der Name gleich?
Tausend Erinnerungen kamen
hervor aus der Vergangenheit,
sie liegen alle griffbereit,
Du hast sie einzeln aufgezählt,
der Name nur, der Name fehlt!
Da ruft es aus dem Hinterhalt:
„Mensch, Du wirst alt!"

Von vier Dingen drei sind richtig,
das vierte nur ist wirklich wichtig,
damit's im Hirne nicht verdämmert,
hast Du's Dir gründlich eingehämmert.
Drei fallen Dir ein ..., oh welche Qual,
das Vierte fehlt, das ist fatal!
Da ruft es aus dem Hinterhalt:
„Mensch, Du wirst alt!"

Vom 2. Stock steigst Du hinunter,
trittst auf die Straße frisch und munter,
doch plötzlich fragst Du dich verdrossen:
„Hab' ich wirklich abgeschlossen?"
Du könntest schwören viele Eide,
steigst dennoch rauf, Dir selbst zum Leide.
Da ruft es aus dem Hinterhalt:
„Mensch, Du wirst alt!"

Brauchst Du mal etwas aus dem Schrank,
der gut gefüllt ist – Gott sei Dank!
Kaum hast Du geöffnet die Tür,
da fragst Du Dich, was wollt ich hier?
Verstört bist Du, daß in Sekunden,
das, was Du brauchst, ist verschwunden.
Da ruft es aus dem Hinterhalt:
„Mensch, Du wirst alt!"

Benutzt Du mal Dein Bügeleisen,
anschließend gehst Du gleich auf Reisen.
Drei Wochen bangst Du – ungelogen,
hab' ich den Stecker rausgezogen?

Sitzt er etwa noch in der Wand,
bin ich inzwischen abgebrannt?
Da ruft es aus dem Hinterhalt:
„Mensch, Du wirst alt!"

Und kommst Du dann woanders hin,
bewegst Du gleich Deinen Sinn,
Dein Sparbuch bestens zu verstecken,
damit kein Dieb es kann entdecken,
brauchst Du dann Geld, hast Du indessen
den heimlichen Platz total vergessen,
oh Gott, stöhnst Du ganz starr vor Schreck,
was soll ich tun, mein Geld ist weg!
Da ruft es aus dem Hinterhalt:
„Mensch, Du wirst alt!"

Zum Frühstück nimmst Du drei Tabletten,
die sollen Dein Gedächtnis retten,
Du fragst Dich plötzlich ganz bekommen,
hab' ich sie eigentlich genommen?
Ja, ist mein Denken denn noch dicht?
und zweimal nehmen darf man nicht!
Da ruft es aus dem Hinterhalt:
„Mensch, Du wirst alt!"

Und die Geschwätzigkeit senilis,
den andern leider oft zuviel ist.
Zumal was gestern Du erzählt,
auch heute im Gespräch nicht fehlt,
und − wie die Erfahrung lehrt,
auch morgen brühwarm wiederkehrt.
Da ruft es aus dem Hinterhalt:
„Mensch, Du wirst alt!"

Maschinen kann man reparieren,
und ihr Getriebe ölig schmieren,
wenn mal Dein Fernseher kaputt,
ein kleiner Chip, schon ist es gut,
doch wenn der Kalk im Hirn sich dichtet,
gibt's nichts mehr, was das Dunkel lichtet.
Da fällt die düstre Stimme ein:
„Mensch, find' Dich drein."

Klassentreffen

Klassentreffen — schon dieses Wort
trägt die Gedanken mit sich fort.
Viele Jahre ist es her.
40 bis 50 und noch mehr.

Wo wir täglich — das war Muß,
denn uns holte noch kein Bus,
bei Wind und Wetter zur Schule gingen,
wir hörten noch die Vögel singen.

Es waren oft manch' Kilometer,
es gab darum nicht viel Gezeter.
In Holzschuhn im Dunkeln und im Schnee,
am Ofen taten dann die Hände weh.

Der Ranzen auf dem Rücken wippte,
die Tinte auf die Hefte kippte.
Wir saßen noch brav auf der Bank,
das Herz uns in die Hosen sank.

Wenn der Lehrer, der sonst lieb,
zur Strafe mit dem Stock mal hieb.
Wie man beim Einmaleins noch schwitzte,
der Griffel auf der Tafel ritzte.

Beim Lesen langsam buchstabierte,
wie man dem Lehrer noch parierte.
Man sieht im Geist viele Gesichter,
und die Erinnerung wird dichter.

Man sieht die Jungs in kurzen Hosen,
die Mädchen an den Zöpfen zogen.
Die kleine Schule mit zwei Klassen
konnt' die Schüler kaum noch fassen.

In der Pause wurd' gespielt,
mit Marmeln in ein Loch gezielt,
im Kräftemessen schwer gerungen,
im Kreis gehüpft und auch gesungen.

Beim Schlagball wurde hart gehaun,
Hinkepott und Länder klaun,
und die Mädchen mit dem Ball
übten „Proben" überall.

Der Lehrer klatscht dann in die Hände
als Zeichen, daß der Spaß zu Ende.
Ausflüge gab es damals nicht,
„Wandertage" sagte man schlicht.

Der See war unser nahes Ziel,
auch dort gab es zu sehen viel,
doch leider folgte, das stand fest,
der Aufsatz stets danach als Test.

Es wurde manches ausgeheckt,
doch letztlich hatten wir Respekt.
So denkt wohl mancher heut von ihnen,
der hier zum Treffen ist erschienen.

Ein wenig ängstlich fragt man sich,
erinnern sie sich noch an mich?
Erkennt man mich nach all den Jahren,
trotz rundem Bauch und grauen Haaren?

Gesprächsstoff ist genug vorhanden.
Vergangenes wird aufgewärmt,
von gemeinsamen Bekannten
gesprochen, manchmal auch geschwärmt.

Ich träumte ja, ich hielt ganz stille,
und eines muß ich jetzt gestehn,
es war die rosarote Brille,
durch die ich hab' zurückgesehn.

Erzähl ich's heute meinen Kindern,
so fragen sie: und das war schön?
Doch weiß ich, nichts wird sie dran hindern,
auch ihre Kindheit so zu sehn.

Gerda Brix

Kirchenvorstandswahl!

Es war Kirchenvorstandwahl!
Als die Stimmen ausgezählt,
pfiff ich einen Dankchoral,
denn man hatte mich gewählt.

Sonntags wurd' ich eingeführt,
selbst die Predigt sprach mich an.
Ich war innerlich gerührt,
denn mein Amt fing geistlich an.

Geistlich sollte darum auch
meine erste Sitzung sein,
weil ich dachte, es sei Brauch,
steckte ich 'ne Bibel ein.

Überpünktlich, aber schüchtern,
nahm ich dann im Pfarrhaus Platz,
es begann noch etwas nüchtern
mit dem Steuerhebesatz.

Würden wir danach wohl beten?
fragte ich voll Neugier ganz,
doch dann ging's um Jugend-Feten,
Bier und Cola, Sex und Tanz.

Anschließend um Müllbehälter
und um Geld für'n Kindergarten.
Unser Abend wurde älter,
meine Bibel mußte warten.

Dann kam man im höh'rem Sinne
auf die Kirche schon zu sprechen:
Die defekte Regenrinne
und auf ähnliche Gebrechen.

Endlich, kurz nach Mitternacht
nach Programmpunkt „Rasenmäher",
war der Tagesplan vollbracht,
und die Schlußandacht rückt näher.

Wirklich bat der Pastor mich
meine Bibel herzugeben,
(ihre Größe eigne sich
den Projektor anzuheben).

Und dann sah'n wir Baumodelle
für Gemeindehaus-Toiletten,
Schluß gemacht wurd' auf die Schnelle,
denn man wollte in die Betten.

Und so hatten wir dann doch
vier, fünf Stunden abgesessen,
(außerdem hab' ich auch noch
meine Bibel dort vergessen.)

Als ich langsam abwärts schritt
müd' mich haltend an Geländern,
nahm ich doch den Vorsatz mit:
Hier mußt Du noch vieles ändern.

Zum Richtfest

Melodie: „Eine Seefahrt die ist lustig …"

1. So ein Richtfest, das ist lustig,
   so ein Richtfest, das ist schön,
   Endlich kann man hier die Bauleut'
   einmal bei der Arbeit seh'n. Hollahi, hollaho …

2. Ob nun Lehrling oder Meister,
   ob Geselle, ob Polier,
   alles hockt auf seinem Stühlchen,
   jeder trinkt sein Tröpfchen Bier. Hollahi, hollaho …

3. Denn das Dach ist nun gehoben,
   und nun heben wir das Glas,
   soll das Werk den Meister loben,
   sei die Kehle immer naß! Hollahi, hollaho …

4. Denen wollen wir nun danken,
   die uns dieses Fest bestellt,
   unserer Bauherrschaft vor allem,
   denn Ihr wißt, die bringt das Geld. Hollahi, hollaho …

5. Ja, Ihr könnt Euch drauf verlassen,
   feine Häuser werden's sein;
   wenn die Wände auch mal wackeln,
   Gott, wer wird so pimplich sein! Hollahi, hollaho …

6. Wenn der Ziegel aus der Hand fällt,
   wird der Putz schon feste steh'n.
   Bisher hat das Haus gehalten,
   na, da wird's auch weiter geh'n. Hollahi, hollaho …

7. Wenn die Balken sich auch biegen
   und der Wind durch's Fenster fährt –
   ohne Kummer kein Vergnügen –
   frische Luft ist auch viel wert. Hollahi, hollaho …

8. Und wenn's wirklich einmal einfällt –
   Kinder, baut nicht gar zu fest!
   Na, da gibt's halt wieder Arbeit
   und ein neues Richtefest! Hollahi, hollaho ...

9. Denn ein Richtfest, das ist lustig,
   ja, ein Richtfest, das ist fein!
   Unsretwegen könnte jeden Tag
   ein and'res Richtfest sein. Hollahi, hollaho ...

Das Alter

Es ist seltsam mit dem Alter.
Wenn man 13 und noch Kind,
weiß man glasklar, daß das Alter
so um zwanzig rum beginnt.

Ist man aber selber zwanzig,
denkt man nicht mehr ganz so steif,
glaubt jedoch, so um die dreißig
sei man für den Sperrmüll reif.

Dreißiger, schon etwas weiser
und vom Lebenskampf geprägt,
haben den Beginn des Alters
auf Punkt vierzig festgelegt.

Vierziger mit Hang zum Grübeln
sagen dumpf wie ein Fagott,
fünfzig sei die Altersgrenze
und von da an sei man Schrott.

Doch die fünfziger die Klugen,
denken überhaupt nicht dran.
Jung sind alle die noch lachen,
das Alter fängt mit hundert an.

Warum?

Warum stirbt die Eiche, die stark?
Warum nicht Stämme mit morschem Mark?
Warum ist, was jung, dem Tode geweiht?
Warum lebt noch lang, was zum Sterben bereit?
Frage und Klage wird in mir stumm,
Gottes Wille kennt kein Warum.

*

Wir gingen im hellen Sonnenlicht
und sahen die Schatten des Todes nicht.

Frog nich ...

Springt di dat Schicksal in de Nack
un böögt den Kopp di dal,
un du weeßt ratlos nich wohen
mit all dien Sorg un Qual:
Frag nich, woto —
frog nich, worüm.

Dat Schicksal gifft keen Antwort di,
dat dreiht sick stur herüm
un wies di kolt den Rüch;
Dat Schicksal nimmt nicks trüch;
frog nich ... worüm?

Hans Hansen Palmus

Spuren im Sand

Ich träumte, ich wäre von dieser Welt gegangen.
Der Herr schritt neben mir – hinter uns blieben zwei Spuren im Sand...
Weit über uns konnte ich das strahlende Himmelstor erkennen.
Ich warf einen Blick zurück, um all meine Lebensschritte ein letztes Mal zu sehen.
Auf den leichten, schönen Abschnitten meines Lebens sah ich zwei Spuren im Sand.
Aber da, wo der Weg steil und schwierig zu begehen war, sah ich nur eine Spur.
Ich wandte mich an den Herrn und fragte:
„Oh Herr, ich glaubte, Du seiest Seite an Seite mit mir durchs Leben gegangen – in guten wie in schlechten Zeiten. Aber auf den schweren Strecken meines Weges sehe ich nur eine Spur... Warum?"
Da sprach der Herr: „Mein Kind, ich begleite Dich Dein ganzes Leben, doch in den schwersten Zeiten habe ich Dich auf meinen Händen getragen."

Glücklich, glücklich nenn' ich den,
dem des Daseins letzte Stunde
schlägt in seiner Kinder Mitte.
Solches Scheiden heißt nicht Sterben,
denn er lebt in Angedenken,
lebt in seines Werkens Früchte,
lebt in seiner Kinder Taten,
lebt in seiner Enkel Mund.

Du kamst, du gingst mit leiser Spur,
ein flücht'ger Gast im Erdenland!
Woher? – Wohin? –
Wir wissen nur: Aus Gottes Hand – in Gottes Hand!

Inhaltsverzeichnis

Weitere Bücher aus dem Detlef-Verlag

191